U0137111

華志文化

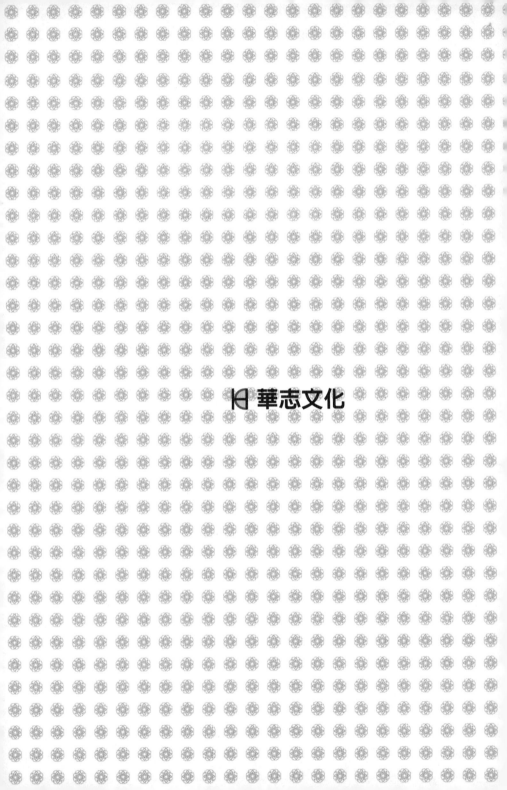

华 华志文化

易經占卜

大師教你自己看演卦 初 級 篇

你的將來可能因這本易卜書而改變

朱恩仁 ◆編著

本書以最簡單的方法教你《易卦占卜》
不需浪費寶貴時間在漫長的摸索過程！

本書是一本省去反覆推演過程，按圖索驥，即可得知占卜吉凶的
實用《易》卜書，可作為初學者，以及沒有《易》學基礎的入門書。
《易》神不同於宗教神，祂不會討好人，祂會告訴你真相，而且還是提早告訴你。
所以易占參考會是您一生對事情判斷的好幫手。

自序

　　「《易》之道貴將來」，《易》卜可說是《易》學的精髓所在。《易》學浩瀚，從現實面的利害吉凶，到修身養性的形上之學，呈現種種不同面相，涉及的範圍無所不包。依愚之見，最容易入門的是《易》卜，最艱深的亦是《易》卜，端看個人鑽研成果。然而《易》之難學非一般人得以親近。基於此，**出版社希望愚能寫一本省去反覆推演過程，按圖索驥即可得知占卜吉凶的實用《易》卜書，作為初學者，以及沒有《易》學基礎的入門書。**另一方面，可以藉此引發初學者「知其然」爾後開啟「知其所以然」的學習興趣。在接洽的過程中，出版社以為寫入門書對愚而言應該是易如反掌，愚反而認為是一項挑戰，畢竟這不是慣常的寫作方式，只能勉力為之，誠摯希望能符合以上要求。

　　《易》原文有經有傳，愚何以只選「爻辭」與「爻象傳」作為本書引用的依據？主要是「爻辭」與「爻象傳」保有了卜辭的原始風貌，文中充滿了警語，對將來尚未發生之事提供了珍貴指示，是為本書特色。學《易》之人必須瞭解，《易》之為書是經過長時間多人創作，再由後者繼以集結而成，這個過程前後應該有數百年之久。愚也相信這個過程中一定還有遺珠之憾的作品未能收納進來，最終沒入了歷史的長河。然而，不論《易》學作品如何千變萬化，除了六十四卦符號，當以「爻辭」為《易》之精髓應是勿庸置疑

的。

　　有人問愚學《易》多年所為何事？愚以為學《易》的最終目的不是機關算盡；而是人生有能力、有條件回復到質樸的單純，這才是福報。愚就是以此心情寫這本書，讓大家在人生的道路上少經歷些挫敗，更有能力條件獲此福報。

　　本書脫稿於《三才易術——周易形勢學終極版》，省略「三才六爻」演卦過程，實為「三才六爻」的演卦結果。《三才易術》延續《周易形勢學》的理路，更加精確剖析「三才六爻」的演卦方式，直指聖人創《易》初心。看聖人設卦觀象，如何巧妙結合「三才」、「六爻」的卜筮術法，知「現況」、斷「將來」。《三才易術》完整揭露《周易》千古難解之謎，世所未見，敬請期待！

　　最後，愚要特別感謝周蓓蒂女士，由於她的助緣，愚尚能在《易》的崗位上繼續奮鬥，有緣和讀者相見。周女士的懿德美行，不但成就了子女，成就了事業工作；她濟弱扶傾的俠義情懷，幫助弱勢孩童，默默行善不為人知；她還成就了一名潦倒的《易》學工作者，縱使她不清楚愚對《易》都做了些什麼，愚很肯定的說她成就了千古的事功，中華民族歷代列祖列宗都會對她肅然起敬。有幸藉由她的援助，讓愚的《易》學之路功德圓滿。

朱恩仁　謹序

〔註〕：

一、三才六爻示意圖：

　　《易》之為書也，廣大悉備：有天道焉，有人道焉，有地道焉。兼三才而兩之，故六；六者，非它也，三才之道也。《周易繫辭下十》。

　　《周易》六十四卦稱六爻卦，皆由兩個八卦（三爻卦）上下重疊而成，初二爻為「地位」，三四爻為「人位」，五上爻為「天位」，天、人、地謂之「三才」。三才六爻是為易卜思維、架構、推演、判斷吉凶的依據。

　　二、書內解的〔將來〕處，作者已標上（吉）（平）（凶），供讀者快速了解。

目錄

◎以上六十四卦是配合使用撲克牌占卜排列出的卦序
（非《周易》的六十四卦卦序，請勿混淆）

一、簡單的撲克牌占卜

　　簡單的五個步驟就可以得知你要請占之事的答案：可預先準備朱老師為你劃好的自我卜卦記錄表，以方便爾後查閱。

　　①手握撲克牌，心中默念請占之事。
　　②抽取下卦之數（1～8）
　　③抽取上卦之數（1～8）
　　④抽取爻位之數（1～6）
　　⑤查閱取數代碼，便知占卜所得的答案。

　　撲克牌隨處可得，便於攜帶，隨時都可以進行占卜，非常方便。巧妙的是，一付撲克牌55張（含兩張鬼牌、一張沒有花色的補充牌），恰巧與「繫辭」所說的「天地之數五十有五」相符。

　　請占問事的時候，手握撲克牌，心中專注默念請占之事，接著先置一張沒有花色的補充牌在桌上當「太極」，代表預備要占卜了。如果你手上的撲克牌沒有這張補充牌也沒關係，省略這個過程，直接洗牌，然後隨機取牌查閱點數。

　　基本上，占卜以一事一占問為原則。完成一次占問，總共要取得三張有效點數的紙牌。前兩張形成一個六爻卦，第三張取本爻的爻位。首先，先來說明如何用兩張紙牌形成一個六爻卦。

根據先天八卦取數的原則：

☰ 乾1、☱ 兌2、☲ 離3、☳ 震4、☴ 巽5、☵ 坎6、☶ 艮7、☷ 坤8

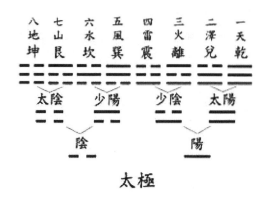

以先天八卦取數的原則代入撲克牌，便知A代表1，1至8點為有效點數，9點以上為無效點數。翻到9以上的點數，就pass過去（包含鬼牌），直到翻出有效的取卦點數。

洗牌的次數，抽牌的位置都是隨心所欲。翻出的無效牌是要留置一邊，或要放回去重新洗牌也都隨個人習慣。反正就是抽出三張有效牌為止。

例如，首先翻出點數A的紙牌，代表1，根據先天八卦取數為 ☰ 乾1。第二次翻出有效點數為8，根據先天八卦取數為 ☷ 坤8，因此這兩張有效點數是18，18就是六爻卦的 ䷊ 泰卦。

第一張有效點數的紙牌固定是下卦，第二張有效點數的紙牌固定是上卦，這個形成六爻卦的前後順序是固定不變，一定要特別注意這點。

取得兩張有效點數之後，便要取得第三張有效點數牌，

也就是本爻的爻位。因為每個六爻卦只有六個爻位，所以第三張有效點數便成了A代表1，1至6點；換言之，A就是初爻，依此類推，6點就是上爻。7點以上就是無效點數pass過去（包含鬼牌）。

以前面已經取得 ䷊ 泰卦（18）為例，如果翻到第三張牌的有效點數為A，便知所指的爻位是泰卦的初爻，也就是泰卦初九。以上三個數字組合起來為（181），這時便完成了整個取數過程，接下來就可以查閱本書的代碼（181），翻到指示的頁數就能得到你想要的解答。有關牌型的擺置方式，下面有兩種牌型範例，提供給大家參考。

為了方便沒有卦爻符號基礎的讀者占卜，特別編製快速查閱代碼目錄，**這個代碼編排順序只是為了方便查閱，與《易》原文的卦序不同，特此說明。**

如果你懶得記這些符號卦名等術語，只要記得取數的順序前後不要搞錯，第一、二張牌取1～8有效點數，第三張牌取1～6有效點數，三組數字便可取得正確答案。

［註］：每一卦的第三張牌（1-6）為爻卦，亦即每一卦會有6種吉凶解釋，所以爻卦至為重要。

二、兩種牌型範例

範例一

　　左（太極）、中下（第一張有效點數A=1下卦）、中上（第二張有效點數8上卦）、右（第三張有效點數A=1本爻），即可查閱代碼181。

範例二

　　左起太極、第一張有效點數A=1下卦、第二張有效點數8上卦、第三張有效點數A=1本爻，即可查閱代碼181。

三、快速查閱代碼目錄

先查閱左側第一、二位數碼，再橫向查閱第三位數碼，再依（）內頁數查詢解答。

代碼	代碼（頁數）	代碼（頁數）	代碼（頁數）	代碼（頁數）	代碼（頁數）	代碼（頁數）
11	111（022）	112（022）	113（023）	114（023）	115（024）	116（025）
12	121（025）	122（026）	123（026）	124（027）	125（028）	126（028）
13	131（029）	132（029）	133（030）	134（030）	135（031）	136（031）
14	141（032）	142（033）	143（033）	144（034）	145（034）	146（034）
15	151（035）	152（036）	153（036）	154（037）	155（037）	156（038）
16	161（038）	162（039）	163（040）	164（040）	165（041）	166（041）
17	171（042）	172（042）	173（043）	174（043）	175（044）	176（044）
18	181（045）	182（045）	183（046）	184（046）	185（047）	186（047）
21	211（048）	212（049）	213（049）	214（050）	215（050）	216（051）
22	221（052）	222（052）	223（053）	224（053）	225（054）	226（054）
23	231（055）	232（055）	233（056）	234（056）	235（057）	236（057）
24	241（058）	242（059）	243（059）	244（060）	245（060）	246（061）

25	251 （061）	252 （062）	253 （063）	254 （063）	255 （064）	256 （064）
26	261 （065）	262 （065）	263 （066）	264 （066）	265 （067）	266 （067）
27	271 （068）	272 （068）	273 （069）	274 （069）	275 （070）	276 （070）
28	281 （071）	282 （071）	283 （072）	284 （072）	285 （073）	286 （073）
31	311 （074）	312 （074）	313 （075）	314 （075）	315 （076）	316 （077）
32	321 （077）	322 （078）	323 （078）	324 （079）	325 （079）	326 （080）
33	331 （080）	332 （081）	333 （081）	334 （082）	335 （083）	336 （083）
34	341 （084）	342 （084）	343 （085）	344 （085）	345 （086）	346 （086）
35	351 （087）	352 （087）	353 （088）	354 （089）	355 （089）	356 （089）
36	361 （090）	362 （091）	363 （091）	364 （092）	365 （092）	366 （093）
37	371 （093）	372 （094）	373 （094）	374 （095）	375 （095）	376 （095）
38	381 （096）	382 （096）	383 （097）	384 （098）	385 （098）	386 （098）
41	411 （099）	412 （099）	413 （100）	414 （100）	415 （101）	416 （101）
42	421 （102）	422 （102）	423 （103）	424 （104）	425 （104）	426 （105）
43	431 （105）	432 （106）	433 （106）	434 （107）	435 （107）	436 （108）
44	441 （109）	442 （109）	443 （110）	444 （110）	445 （111）	446 （111）

45	451 （112）	452 （112）	453 （113）	454 （113）	455 （114）	456 （114）
46	461 （115）	462 （115）	463 （116）	464 （117）	465 （117）	466 （118）
47	471 （118）	472 （119）	473 （119）	474 （120）	475 （120）	476 （121）
48	481 （121）	482 （122）	483 （122）	484 （123）	485 （123）	486 （124）
51	511 （125）	512 （125）	513 （126）	514 （126）	515 （127）	516 （127）
52	521 （128）	522 （128）	523 （129）	524 （129）	525 （130）	526 （131）
53	531 （131）	532 （132）	533 （132）	534 （133）	535 （133）	536 （134）
54	541 （134）	542 （135）	543 （135）	544 （136）	545 （137）	546 （137）
55	551 （138）	552 （138）	553 （139）	554 （139）	555 （140）	556 （140）
56	561 （141）	562 （141）	563 （142）	564 （142）	565 （142）	566 （143）
57	571 （144）	572 （144）	573 （145）	574 （145）	575 （146）	576 （147）
58	581 （147）	582 （147）	583 （148）	584 （148）	585 （149）	586 （149）
61	611 （150）	612 （151）	613 （151）	614 （152）	615 （152）	616 （153）
62	621 （153）	622 （154）	623 （155）	624 （155）	625 （156）	626 （156）
63	631 （157）	632 （157）	633 （158）	634 （158）	635 （159）	636 （160）
64	641 （160）	642 （161）	643 （161）	644 （162）	645 （162）	646 （163）

65	651 （163）	652 （164）	653 （164）	654 （165）	655 （165）	656 （165）
66	661 （166）	662 （167）	663 （167）	664 （168）	665 （168）	666 （169）
67	671 （169）	672 （170）	673 （170）	674 （171）	675 （171）	676 （172）
68	681 （172）	682 （173）	683 （173）	684 （174）	685 （174）	686 （175）
71	711 （176）	712 （176）	713 （177）	714 （177）	715 （178）	716 （178）
72	721 （179）	722 （179）	723 （180）	724 （180）	725 （181）	726 （182）
73	731 （182）	732 （183）	733 （183）	734 （184）	735 （184）	736 （185）
74	741 （185）	742 （186）	743 （187）	744 （187）	745 （188）	746 （188）
75	751 （189）	752 （189）	753 （190）	754 （190）	755 （191）	756 （191）
76	761 （192）	762 （192）	763 （193）	764 （193）	765 （194）	766 （194）
77	771 （195）	772 （195）	773 （196）	774 （196）	775 （197）	776 （197）
78	781 （198）	782 （198）	783 （199）	784 （199）	785 （200）	786 （200）
81	811 （201）	812 （201）	813 （201）	814 （202）	815 （202）	816 （203）
82	821 （204）	822 （204）	823 （205）	824 （205）	825 （206）	826 （206）
83	831 （207）	832 （207）	833 （208）	834 （208）	835 （209）	836 （209）
84	841 （210）	842 （210）	843 （211）	844 （211）	845 （212）	846 （212）

85	851 （213）	852 （213）	853 （214）	854 （214）	855 （215）	856 （215）
86	861 （216）	862 （216）	863 （217）	864 （217）	865 （218）	866 （218）
87	871 （219）	872 （219）	873 （220）	874 （220）	875 （221）	876 （221）
88	881 （222）	882 （222）	883 （223）	884 （223）	885 （224）	886 （224）

四、六十四卦時序概念表

節氣	立春 雨水 正月	驚蟄 春分 二月	清明 穀雨 三月	立夏 小滿 四月	芒種 夏至 五月	小暑 大暑 六月	立秋 處暑 七月	白露 秋分 八月	寒露 霜降 九月	立冬 小雪 十月	大雪 冬至 十一月	小寒 大寒 十二月
01～06	小過	需	豫	旅	大有	鼎	恆	巽	歸妹	艮	未濟	屯
07～12	蒙	隨	訟	師	家人	豐	節	萃	无妄	既濟	蹇	謙
13～18	益	晉	蠱	比	井	渙	同人	大畜	明夷	噬嗑	頤	睽
19～24	漸	解	革	小畜	咸	履	損	賁	困	大過	中孚	升
25～30	泰	大壯 震	夬	乾	姤 離	遯	否	觀 兌	剝	坤	復 坎	臨

★每一節氣（三十日）管五卦，一卦相次管六日，逐日終而復
　始。震卦為春分當日，離卦為夏至當日，兌卦為秋分當日，
　坎卦為冬至當日。

★如果人意（也就是占問時已有預設時間）與天意相符，就不
　必拘泥制式的時間表。如無預設時間請參考本表時間，下次
　再卜。

五、上篇

乾下，乾上。乾　為天（11）

111　初九，潛龍，勿用。〈象〉曰：「潛龍勿用」，陽在下也。

請占之事：

【現況】：初九，所謀之事預估正確。如果所謀之事已在具體進行中，當前的客觀環境對你有阻礙、異議、紛爭，沒有助益。

【將來】：（平）「潛龍」，維持目前的情況比較有利，至少不會造成損失。

【警告】：「勿用」，不要有積極的作為。如果貿然投入資源想要獲取更大的利益，會慘遭挫敗。

【建議】：如果是投資事業或必須根本上改變現況等風險高的事情，請暫且擱置，以避免損失持續擴大。可延至時序「立夏／小滿」再行占卜；或有再次觸動轉變的契機，意猶未決時進行占卜。

112　九二，見龍在田，利見大人。〈象〉曰：「見龍在田」，德施普也。

請占之事：

【現況】：九二，所謀之事預估偏失。如果所謀之事已在具體進行中，當前的客觀環境對你有阻礙、異議、紛爭，沒有

助益。

【將來】：（平）「利見大人」，維持目前的情況比較有利，至少不會造成損失。

【建議】：如果是投資事業或必須根本上改變現況等風險高的事情，請暫且擱置，以避免損失持續擴大。可延至時序「立夏／小滿」再行占卜；或有再次觸動轉變的契機，意猶未決時進行占卜。

---

113 九三，君子終日乾乾，夕惕若，厲无咎。〈象〉曰：「終日乾乾」，反復道也。

請占之事：

【現況】：九三，所謀之事預估正確。如果所謀之事已在具體進行中，當前的客觀環境對你有阻礙、異議、紛爭，沒有助益。

【將來】：（平）「終日乾乾，夕惕若」，自我警惕不懈怠，維持目前的情況比較有利，至少不會造成損失。

【警告】：「厲」，自我克制，不要受到外在人事物影響。如果貿然投入資源想要獲取更大的利益，會慘遭挫敗。

【建議】：如果是投資事業或必須根本上改變現況等風險高的事情，請暫且擱置，以避免損失持續擴大。可延至時序「立夏／小滿」再行占卜；或有再次觸動轉變的契機，意猶未決時進行占卜。

---

114 九四，或躍在淵，无咎。〈象〉曰：「或躍在淵」，進无咎也。

請占之事：

【現況】：九四，所謀之事預估偏失。如果所謀之事已在具體進行中，當前的客觀環境對你有阻礙、異議、紛爭，沒有助益。

【將來】：（平）「在淵」，維持目前的情況比較有利，至少不會造成損失。

【警告】：「或躍」，處境艱難，與其盲從躁動，不如維持目前的情況控管損害，不至損失持續擴大。

【建議】：如果是投資事業或必須根本上改變現況等風險高的事情，請暫且擱置，以避免損失持續擴大。可延至時序「立夏／小滿」再行占卜；或有再次觸動轉變的契機，意猶未決時進行占卜。

115 九五，飛龍在天，利見大人。〈象〉曰：「飛龍在天」，大人造也。

請占之事：

【現況】：九五，所謀之事預估正確。如果所謀之事已在具體進行中，當前的客觀環境對你有阻礙、異議、紛爭，沒有助益。

【將來】：（平）「利見大人」，維持目前的情況比較有利，至少不會造成損失。

【建議】：如果是投資事業或必須根本上改變現況等風險高的事情，請暫且擱置，以避免損失持續擴大。可延至時序「立夏／小滿」再行占卜；或有再次觸動轉變的契機，意猶未決時進行占卜。

116 上九，亢龍，有悔。〈象〉曰：「亢龍有悔」，盈不可久也。

請占之事：

【現況】：上九，所謀之事預估偏失。如果所謀之事已在具體進行中，當前的客觀環境對你有阻礙、異議、紛爭，沒有助益。

【將來】：（平）「有悔」，處境艱難，與其盲從躁動，不如維持目前的情況控管損害，不至損失持續擴大。

【建議】：如果是投資事業或必須根本上改變現況等風險高的事情，請暫且擱置，以避免損失持續擴大。可延至時序「立夏／小滿」再行占卜；或有再次觸動轉變的契機，意猶未決時進行占卜。

≣ 乾下，兌上。澤天 夬（12）

121 初九，壯于前趾，往不勝為咎。〈象〉曰：不勝而往，咎也。

請占之事：

【現況】：初九，所謀之事預估正確。如果所謀之事已在具體進行中，當前的客觀環境對你有阻礙、異議、紛爭，沒有助益。

【將來】：（平）「壯于前趾」，維持目前的情況比較有利，至少不會造成損失。

【警告】：「往不勝為咎」，如果貿然投入資源想要獲取更大的利益，會慘遭挫敗。

【建議】：如果是投資事業或必須根本上改變現況等風險高的事情，請暫且擱置，以避免損失持續擴大。可延至時序「清明／穀雨」再行占卜；或有再次觸動轉變的契機，意猶未決時進行占卜。

---

122 九二，惕號，莫夜有戎，勿恤。〈象〉曰：「有戎勿恤」，得中道也。

請占之事：

【現況】：九二，所謀之事預估偏失。如果所謀之事已在具體進行中，當前的客觀環境對你有阻礙、異議、紛爭，沒有助益。

【將來】：（平）「勿恤」，維持目前的情況比較有利，至少不會造成損失。

【警告】：「惕號」，自我克制，不要受到外在人事物誘惑。如果貿然投入資源想要獲取更大的利益，會慘遭挫敗。

【建議】：如果是投資事業或必須根本上改變現況等風險高的事情，請暫且擱置，以避免損失持續擴大。可延至時序「清明／穀雨」再行占卜；或有再次觸動轉變的契機，意猶未決時進行占卜。

---

123 九三，壯于頄，有凶；君子夬夬獨行，遇雨若濡，有慍，无咎。〈象〉曰：「君子夬夬」，終无咎也。

請占之事：

【現況】：九三，所謀之事預估正確。如果所謀之事已在具體進行中，當前的客觀環境對你有阻礙、異議、紛爭，沒有

助益。

【將來】：（吉）「君子夬夬獨行」，投入現有的資源，獲取更大的利益。化解歧見，建立共識，爭取有能力、有條件的人事物支持，發揮群策群力的力量，共圖事業。優勢在我方，順勢而為。

【警告】：「壯於頄，有凶」，如果安於現狀，被動等待，損失會持續擴大。

【建議】：得人之助，得天之時。可從事投資事業或根本上改變現況等風險高的事情。

---

124 九四，臀无膚，其行次且；牽羊悔亡，聞言不信。
〈象〉曰：「其行次且」，位不當也；「聞言不信」，聰不明也。

請占之事：

【現況】：九四，所謀之事預估偏失。如果所謀之事已在具體進行中，當前的客觀環境對你有阻礙、異議、紛爭，沒有助益。

【將來】：（吉）「牽羊悔亡」，保守評估，量力而為，投入現有的資源，獲取更大的利益。化解歧見，建立共識，爭取有能力、有條件的人事物支持，發揮群策群力的力量，共圖事業。

【警告】：「聞言不信」，如果安於現狀，被動等待，損失會持續擴大。

【建議】：得人之助，得天之時。可從事投資事業或根本上改變現況等風險高的事情。

125 九五，莧陸夬夬，中行无咎。〈象〉曰：「中行无咎」，中未光也。

請占之事：

【現況】：九五，所謀之事預估正確。如果所謀之事已在具體進行中，當前的客觀環境對你不如預期，助力有限。

【將來】：（平）「中行无咎」，承受外來的壓力，不要盲從躁動。自我克制，不要受到外在人事物誘惑。維持目前的情況比較有利，至少不會造成損失。

【建議】：如果是投資事業或必須根本上改變現況等風險高的事情，請暫且擱置，以避免損失持續擴大。可延至時序「清明／穀雨」再行占卜；或有再次觸動轉變的契機，意猶未決時進行占卜。

126 上六，无號，終有凶。〈象〉曰：无號之凶，終不可長也。

請占之事：

【現況】：上六，所疑之事預估正確。如果所疑之事已在具體進行中，當前的客觀環境對你有所牽制，停滯不前。

【將來】：（凶）「終有凶」，處境艱難，與其盲從躁動，不如維持目前的情況控管損害，不至損失持續擴大。

【建議】：如果是投資事業或必須根本上改變現況等風險高的事情，請暫且擱置，以避免損失持續擴大。可延至時序「清明／穀雨」再行占卜；或有再次觸動轉變的契機，意猶未決時進行占卜。

乾下，離上。火天 大有（13）

131 初九，无交害，匪咎；艱則无咎。〈象〉曰：大有初九，无交害也。

請占之事：

【現況】：初九，所謀之事預估正確。如果所謀之事已在具體進行中，當前的客觀環境對你有阻礙、異議、紛爭，沒有助益。

【將來】：（平）「无交害」，自我克制，不要受到外在人事物誘惑。維持目前的情況比較有利，至少不會造成損失。

【建議】：如果是投資事業或必須根本上改變現況等風險高的事情，請暫且擱置，以避免損失持續擴大。可延至時序「芒種／夏至」再行占卜；或有再次觸動轉變的契機，意猶未決時進行占卜。

132 九二，大車以載，有攸往，无咎。〈象〉曰：「大車以載」，積中不敗也。

請占之事：

【現況】：九二，所謀之事預估偏失。如果所謀之事已在具體進行中，當前的客觀環境對你有阻礙、異議、紛爭，沒有助益。

【將來】：（吉）「大車以載，有攸往」，投入現有的資源，獲取更大的利益。化解歧見，建立共識，爭取有能力、有條件的人事物支持，發揮群策群力的力量，共圖事業。優

勢在我方，順勢而為。

【建議】：得地之宜，得人之助，得天之時。可從事投資事業或根本上改變現況等風險高的事情。

---

133 九三，公用亨于天子；小人弗克。〈象〉曰：「公用亨于天子」，小人害也。

請占之事：

【現況】：九三，所謀之事預估正確。如果所謀之事已在具體進行中，當前的客觀環境對你有阻礙、異議、紛爭，沒有助益。

【將來】：（吉）「公用亨于天子」，投入現有的資源，獲取更大的利益。化解歧見，建立共識，爭取有能力、有條件的人事物支持，發揮群策群力的力量，共圖事業。優勢在我方，順勢而為。

【警告】：「小人弗克」，如果安於現狀，被動等待，損失會持續擴大。

【建議】：得人之助，得天之時。可從事投資事業或根本上改變現況等風險高的事情。

---

134 九四，匪其彭，无咎。〈象〉曰：「匪其彭无咎」，明辨晢也。

請占之事：

【現況】：九四，所謀之事預估偏失。如果所謀之事已在具體進行中，當前的客觀環境對你有阻礙、異議、紛爭，沒有助益。

【將來】：（平）維持目前的情況比較有利，至少不會造成損失。

【警告】：「匪其彭」，自我膨脹，如果貿然投入資源想要獲取更大的利益，會慘遭挫敗。

【建議】：如果是投資事業或必須根本上改變現況等風險高的事情，請暫且擱置，以避免損失持續擴大。可延至時序「芒種／夏至」再行占卜；或有再次觸動轉變的契機，意猶未決時進行占卜。

135 六五，厥孚交如，威如，吉。〈象〉曰：「厥孚交如」，信以發志也；威如之吉，易而无備也。

請占之事：

【現況】：六五，所疑之事預估偏失。如果所疑之事已在具體進行中，當前的客觀環境對你助力有實質利益。

【將來】：（平）外在環境有所牽制，停滯不前。維持目前的情況比較有利，至少不會造成損失。

【建議】：如果是投資事業或必須根本上改變現況等風險高的事情，請暫且擱置，以避免損失持續擴大。可延至時序「芒種／夏至」再行占卜；或有再次觸動轉變的契機，意猶未決時進行占卜。

136 上九，自天祐之，吉无不利。〈象〉曰：大有上吉，自天祐也。

請占之事：

【現況】：上九，所謀之事預估偏失。如果所謀之事已在具

體進行中，當前的客觀環境對你不如預期，助力有限。

【將來】：（平）「吉无不利」，外緣助力不如預期。維持目前的情況比較有利，至少不會造成損失。

【建議】：如果是投資事業或必須根本上改變現況等風險高的事情，請暫且擱置，以避免損失持續擴大。可延至時序「芒種／夏至」再行占卜；或有再次觸動轉變的契機，意猶未決時進行占卜。

乾下，震上。雷天　大壯（14）

141 初九，壯于趾，征凶；有孚。〈象〉曰：「壯于趾」，其孚窮也。

請占之事：

【現況】：初九，所謀之事預估正確。如果所謀之事已在具體進行中，當前的客觀環境對你有阻礙、異議、紛爭，沒有助益。

【將來】：（平）「有孚」，維持目前的情況比較有利，至少不會造成損失。

【警告】：「征凶」，如果貿然投入資源想要獲取更大的利益，會慘遭挫敗。

【建議】：如果是投資事業或必須根本上改變現況等風險高的事情，請暫且擱置，以避免損失持續擴大。可延至時序「驚蟄／春分」再行占卜；或有再次觸動轉變的契機，意猶未決時進行占卜。

142 九二，貞吉。〈象〉曰：「九二貞吉」，以中也。

請占之事：

【現況】：九二，所謀之事預估偏失。如果所謀之事已在具體進行中，當前的客觀環境對你有阻礙、異議、紛爭，沒有助益。

【將來】：（平）「貞吉」，維持目前的情況比較有利，至少不會造成損失。

【建議】：如果是投資事業或必須根本上改變現況等風險高的事情，請暫且擱置，以避免損失持續擴大。可延至時序「驚蟄／春分」再行占卜；或有再次觸動轉變的契機，意猶未決時進行占卜。

143 九三，小人用壯，君子用罔；貞厲，羝羊觸藩，羸其角。〈象〉曰：「小人用壯」，君子罔也。

請占之事：

【現況】：九三，所謀之事預估正確。如果所謀之事已在具體進行中，當前的客觀環境對你有阻礙、異議、紛爭，沒有助益。

【將來】：（平）「君子用罔」，維持目前的情況比較有利，至少不會造成損失。

【警告】：「貞厲，羝羊觸藩，羸其角」，如果貿然投入資源想要獲取更大的利益，會慘遭挫敗。

【建議】：如果是投資事業或必須根本上改變現況等風險高的事情，請暫且擱置，以避免損失持續擴大。可延至時序「驚蟄／春分」再行占卜；或有再次觸動轉變的契機，意猶

未決時進行占卜。

144 九四，貞吉，悔亡；藩決不羸，壯于大輿之輹。〈象〉曰：「藩決不羸」，尚往也。

請占之事：

【現況】：九四，所謀之事預估偏失。如果所謀之事已在具體進行中，當前的客觀環境對你有阻礙、異議、紛爭，沒有助益。

【將來】：（吉）「藩決不羸」，保守評估，量力而為，投入現有的資源，爭取有能力、有條件的人事物支持。

【建議】：得人之助，得天之時。保守評估，量力而為，可從事投資事業或根本上改變現況等風險高的事情。

145 六五，喪羊于易，无悔。〈象〉曰：「喪羊于易」，位不當也。

請占之事：

【現況】：六五，所疑之事預估偏失。如果所疑之事已在具體進行中，當前的客觀環境對你冷漠無感，沒有助益。

【將來】：（凶）「喪羊于易」，會有意外造成損失。

【建議】：如果是投資事業或必須根本上改變現況等風險高的事情，請暫且擱置，以避免損失持續擴大。可延至時序「驚蟄／春分」再行占卜；或有再次觸動轉變的契機，意猶未決時進行占卜。

146 上六，羝羊觸藩，不能退，不能遂，无攸利；艱則

吉。〈象〉曰：「不能退，不能遂」，不詳也；「艱則吉」，咎不長也。

【請占之事：】

【現況】：上六，所疑之事預估正確。如果所疑之事已在具體進行中，當前的客觀環境對你冷漠無感，沒有助益。

【將來】：（凶）「羝羊觸藩」，會有意外造成損失。

【警告】：「不能退，不能遂，无攸利」，如果貿然投入資源想要獲取更大的利益，會慘遭挫敗。

【建議】：如果是投資事業或必須根本上改變現況等風險高的事情，請暫且擱置，以避免損失持續擴大。可延至時序「驚蟄／春分」再行占卜；或有再次觸動轉變的契機，意猶未決時進行占卜。

☰ 乾下，巽上。風天 小畜（15）

151 初九，復自道，何其咎？吉。〈象〉曰：「復自道」，其義吉也。

【請占之事：】

【現況】：初九，所謀之事預估正確。如果所謀之事已在具體進行中，當前的客觀環境對你有阻礙、異議、紛爭，沒有助益。

【將來】：（平）「復自道吉」，維持目前的情況比較有利，至少不會造成損失。

【建議】：如果是投資事業或必須根本上改變現況等風險高的事情，請暫且擱置，以避免損失持續擴大。可延至時序

「立夏／小滿」再行占卜；或有再次觸動轉變的契機，意猶未決時進行占卜。

---

152 1九二，牽復，吉。〈象〉曰：牽復在中，亦不自失也。

請占之事：

【現況】：九二，所謀之事預估偏失。如果所謀之事已在具體進行中，當前的客觀環境對你有阻礙、異議、紛爭，沒有助益。

【將來】：（平）「牽復吉」，維持目前的情況比較有利，至少不會造成損失。

【建議】：如果是投資事業或必須根本上改變現況等風險高的事情，請暫且擱置，以避免損失持續擴大。可延至時序「立夏／小滿」再行占卜；或有再次觸動轉變的契機，意猶未決時進行占卜。

---

153 九三，輿說輻，夫妻反目。〈象〉曰：「夫妻反目」，不能正室也。

請占之事：

【現況】：九三，所謀之事預估正確。如果所謀之事已在具體進行中，當前的客觀環境對你看似有利，實而無益。

【將來】：（平）「輿說輻」，維持目前的情況比較有利，至少不會造成損失。

【警告】：「夫妻反目」，如果貿然投入資源想要獲取更大的利益，會慘遭挫敗。

【建議】：如果是投資事業或必須根本上改變現況等風險高的事情，請暫且擱置，以避免損失持續擴大。可延至時序「立夏／小滿」再行占卜；或有再次觸動轉變的契機，意猶未決時進行占卜。

154 六四，有孚；血去惕出，无咎。〈象〉曰：有孚惕出，上合志也。

請占之事：

【現況】：六四，所疑之事預估正確。如果所疑之事已在具體進行中，當前的客觀環境對你看似有利，實而無益。

【將來】：（吉）「血去惕出」，有外緣相助，可以獲得實質的利益。

【建議】：雖然可以從中獲益，仍以保守評估為要，不可過度樂觀。不宜投資本業以外之事業或必須根本上改變現況等風險高的事情。

155 九五，有孚攣如，富以其鄰。〈象〉曰：「有孚攣如」，不獨富也。

請占之事：

【現況】：九五，所謀之事預估正確。如果所謀之事已在具體進行中，當前的客觀環境對你有阻礙、異議、紛爭，沒有助益。

【將來】：（平）「富以其鄰」，外緣助力不如預期。維持目前的情況比較有利，至少不會造成損失。

【建議】：如果是投資事業或必須根本上改變現況等風險高

的事情，請暫且擱置，以避免損失持續擴大。可延至時序「立夏／小滿」再行占卜；或有再次觸動轉變的契機，意猶未決時進行占卜。

156 上九，既雨既處，尚德載；婦貞厲，月幾望；君子征凶。〈象〉曰：「既雨既處」，德積載也；「君子征凶」，有所疑也。

請占之事：

【現況】：上九，所謀之事預估偏失。如果所謀之事已在具體進行中，當前的客觀環境對你有阻礙、異議、紛爭，沒有助益。

【將來】：（平）維持目前的情況比較有利，至少不會造成損失。

【警告】：「君子征凶」，如果貿然投入資源想要獲取更大的利益，會慘遭挫敗。

【建議】：如果是投資事業或必須根本上改變現況等風險高的事情，請暫且擱置，以避免損失持續擴大。可延至時序「立夏／小滿」再行占卜；或有再次觸動轉變的契機，意猶未決時進行占卜。

☰☵ 乾下，坎上。水天　需（16）

161 初九，需于郊，利用恆，无咎。〈象〉曰：「需于郊」，不犯難行也；「利用恆，无咎」，未失常也。

請占之事：

【現況】：初九，所謀之事預估正確。如果所謀之事已在具體進行中，當前的客觀環境對你有阻礙、異議、紛爭，沒有助益。

【將來】：（平）「利用恆」，維持目前的情況比較有利，至少不會造成損失。

【警告】：「不犯難行」，如果貿然投入資源想要獲取更大的利益，會慘遭挫敗。

【建議】：如果是投資事業或必須根本上改變現況等風險高的事情，請暫且擱置，以避免損失持續擴大。可延至時序「驚蟄／春分」再行占卜；或有再次觸動轉變的契機，意猶未決時進行占卜。

162 九二，需于沙，小有言；終吉。〈象〉曰：「需于沙」，衍在中也；雖小有言，以吉終也。

請占之事：

【現況】：九二，所謀之事預估偏失。如果所謀之事已在具體進行中，當前的客觀環境對你有阻礙、異議、紛爭，沒有助益。

【將來】：（平）「終吉」，維持目前的情況比較有利，至少不會造成損失。

【警告】：「小有言」，只是爭執為害不深。如果貿然投入資源想要獲取更大的利益，會慘遭挫敗。

【建議】：如果是投資事業或必須根本上改變現況等風險高的事情，請暫且擱置，以避免損失持續擴大。可延至時序「驚蟄／春分」再行占卜；或有再次觸動轉變的契機，意猶

未決時進行占卜。

163 九三，需于泥，致寇至。〈象〉曰：「需于泥」，災在外也，自我致寇，敬慎不敗也。

請占之事：

【現況】：九三，所謀之事預估正確。如果所謀之事已在具體進行中，當前的客觀環境對你看似有利，實而無益。

【將來】：（平）「敬慎不敗」維持目前的情況比較有利，至少不會造成損失。

【警告】：「致寇至」，自我克制，不要受到外在人事物誘惑。如果貿然投入資源想要獲取更大的利益，會慘遭挫敗。

【建議】：如果是投資事業或必須根本上改變現況等風險高的事情，請暫且擱置，以避免損失持續擴大。可延至時序「驚蟄／春分」再行占卜；或有再次觸動轉變的契機，意猶未決時進行占卜。

164 六四，需于血，出自穴。〈象〉曰：「需于血」，順以聽也。

請占之事：

【現況】：六四，所疑之事預估正確。如果所疑之事已在具體進行中，當前的客觀環境對你看似有利，實而無益。

【將來】：（吉）「出自穴」，保守評估，量力而為，投入現有的資源，爭取有能力、有條件的人事物支持。

【建議】：得天之時，得人之助。保守評估，量力而為，可從事投資事業或根本上改變現況等風險高的事情。

165 九五，需于酒食，貞吉。〈象〉曰：「酒食貞吉」，
以中正也。

請占之事：

【現況】：九五，所謀之事預估正確。如果所謀之事已在具
體進行中，當前的客觀環境對你不如預期，助力有限。

【將來】：（平）「貞吉」，外緣助力不如預期。維持目前
的情況比較有利，至少不會造成損失。

【建議】：如果是投資事業或必須根本上改變現況等風險高
的事情，請暫且擱置，以避免損失持續擴大。可延至時序
「驚蟄／春分」再行占卜；或有再次觸動轉變的契機，意猶
未決時進行占卜。

166 上六，入于穴，有不速之客三人來；敬之，終吉。
〈象〉曰：不速之客來，「敬之終吉」；雖不當位，未大失
也。

請占之事：

【現況】：上六，所疑之事預估正確。如果所疑之事已在具
體進行中，當前的客觀環境對你有所牽制，停滯不前。

【將來】：（平）「敬之，終吉」，維持目前的情況比較有
利，至少不會造成損失。

【警告】：「入于穴」，如果貿然投入資源想要獲取更大的
利益，會慘遭挫敗。

【建議】：如果是投資事業或必須根本上改變現況等風險高
的事情，請暫且擱置，以避免損失持續擴大。可延至時序
「驚蟄／春分」再行占卜；或有再次觸動轉變的契機，意猶

未決時進行占卜。

☰☶ 乾下，艮上。山天　大畜（17）

[171] 初九，有厲，利已。〈象〉曰：「有厲利已」，不犯災也。

請占之事：

【現況】：初九，所謀之事預估正確。如果所謀之事已在具體進行中，當前的客觀環境對你有阻礙、異議、紛爭，沒有助益。

【將來】：（平）「有厲利已」，處境艱難，與其盲從躁動，不如維持目前的情況控管損害，不至損失持續擴大。

【警告】：如果貿然投入資源想要獲取更大的利益，會慘遭挫敗。

【建議】：如果是投資事業或必須根本上改變現況等風險高的事情，請暫且擱置，以避免損失持續擴大。可延至時序「白露／秋分」再行占卜；或有再次觸動轉變的契機，意猶未決時進行占卜。

[172] 九二，輿說輹。〈象〉曰：「輿說輹」，中无尤也。

請占之事：

【現況】：九二，所謀之事預估偏失。如果所謀之事已在具體進行中，當前的客觀環境對你有阻礙、異議、紛爭，沒有助益。

【將來】：（平）「中无尤也」，維持目前的情況比較有

利，至少不會造成損失。

【警告】：「輿說輹」，如果貿然投入資源想要獲取更大的利益，會慘遭挫敗。

【建議】：如果是投資事業或必須根本上改變現況等風險高的事情，請暫且擱置，以避免損失持續擴大。可延至時序「白露／秋分」再行占卜；或有再次觸動轉變的契機，意猶未決時進行占卜。

173 九三，良馬逐，利艱貞；日閑輿衛，利有攸往。〈象〉曰：「利有攸往」，上合志也。

請占之事：

【現況】：九三，所謀之事預估正確。如果所謀之事已在具體進行中，當前的客觀環境對你不如預期，助力有限。

【將來】：（平）「利艱貞」，自我克制，不要受到外在人事物誘惑。維持目前的情況比較有利，至少不會造成損失。

【警告】：「利有攸往」，雖然後勢看好，還是會有變數。如果此時貿然投入資源想要獲取更大的利益，會慘遭挫敗。

【建議】：如果是投資事業或必須根本上改變現況等風險高的事情，請暫且擱置，以避免損失持續擴大。可延至時序「白露／秋分」再行占卜；或有再次觸動轉變的契機，意猶未決時進行占卜。

174 六四，童牛之牿，元吉。〈象〉曰：六四元吉，有喜也。

請占之事：

【現況】：六四，所疑之事預估正確。如果所疑之事已在具體進行中，當前的客觀環境對你看似有利，實而無益。

【將來】：（吉）「元吉」，有意外的外緣主動相助，可以獲得實質的利益。

【建議】：雖然可以從中獲益，仍不宜投資本業以外之事業或必須根本上改變現況等風險高的事情。

---

175 六五，貜豕之牙，吉。〈象〉曰：六五之吉，有慶也。

請占之事：

【現況】：六五，所疑之事預估偏失。如果所疑之事已在具體進行中，當前的客觀環境對你助力有實質利益。

【將來】：（吉）「貜豕之牙」，有意外的外緣主動相助，可以獲得實質的利益。

【建議】：雖然可以從中獲益，仍不宜投資本業以外之事業或必須根本上改變現況等風險高的事情。

---

176 上九，何天之衢，亨。〈象〉曰：「何天之衢」，道大行也。

請占之事：

【現況】：上九，所謀之事預估偏失。如果所謀之事已在具體進行中，當前的客觀環境對你不如預期，助力有限。

【將來】：（吉）「何天之衢，亨」，保守評估，量力而為，投入現有的資源，爭取有能力、有條件的人事物支持。

【建議】：得天之時，得人之助。保守評估，量力而為，可

從事投資事業或根本上改變現況等風險高的事情。

☷☰ 乾下，坤上。地天 泰（18）

181 初九，拔茅茹，以其彙；征吉。〈象〉曰：拔茅征吉，志在外也。

請占之事：

【現況】：初九，所謀之事預估正確。如果所謀之事已在具體進行中，當前的客觀環境對你有阻礙、異議、紛爭，沒有助益。

【將來】：（吉）「拔茅茹，以其彙，征吉」，投入現有的資源，獲取更大的利益。化解歧見，建立共識，爭取有能力、有條件的人事物支持，發揮群策群力的力量，共圖事業。優勢在我方，順勢而為。

【建議】：得地之宜，得人之助。可從事投資事業或根本上改變現況等風險高的事情。

182 九二，包荒，用馮河，不遐遺；朋亡，得尚于中行。〈象〉曰：「包荒」、「得尚于中行」，以光大也。

請占之事：

【現況】：九二，所謀之事預估偏失。如果所謀之事已在具體進行中，當前的客觀環境對你有阻礙、異議、紛爭，沒有助益。

【將來】：（平）「朋亡，得尚于中行」，維持目前的情況比較有利，至少不會造成損失。

【警告】：「用馮河，不遐遺」，自我克制，不要受到外在人事物誘惑。如果貿然投入資源想要獲取更大的利益，會慘遭挫敗。

【建議】：如果是投資事業或必須根本上改變現況等風險高的事情，請暫且擱置，以避免損失持續擴大。可延至時序「立春／雨水」再行占卜；或有再次觸動轉變的契機，意猶未決時進行占卜。

---

183 九三，无平不陂，无往不復；艱貞无咎，勿恤其孚，于食有福。〈象〉曰：「无往不復」，天地際也。

請占之事：

【現況】：九三，所謀之事預估正確。如果所謀之事已在具體進行中，當前的客觀環境對你看似有利，實而無益。

【將來】：（平）「无往不復」、「于食有福」，維持目前的情況比較有利，至少不會造成損失。

【警告】：「无平不陂」，如果此時貿然投入資源想要獲取更大的利益，會慘遭挫敗。

【建議】：如果是投資事業或必須根本上改變現況等風險高的事情，請暫且擱置，以避免損失持續擴大。可延至時序「立春／雨水」再行占卜；或有再次觸動轉變的契機，意猶未決時進行占卜。

---

184 六四，翩翩，不富，以其鄰不戒以孚。〈象〉曰：「翩翩不富」，皆失實也；「不戒以孚」，中心願也。

請占之事：

【現況】：六四，所疑之事預估正確。如果所疑之事已在具體進行中，當前的客觀環境對你看似有利，實而無益。

【將來】：（平）「以其鄰不戒以孚」，維持目前的情況比較有利，至少不會造成損失。

【建議】：如果是投資事業或必須根本上改變現況等風險高的事情，請暫且擱置，以避免損失持續擴大。可延至時序「立春／雨水」再行占卜；或有再次觸動轉變的契機，意猶未決時進行占卜。

185 六五，帝乙歸妹，以祉元吉。〈象〉曰：「以祉元吉」，中以行願也。

請占之事：

【現況】：六五，所疑之事預估偏失。如果所疑之事已在具體進行中，當前的客觀環境對你冷漠無感，沒有助益。

【將來】：（平）「以祉元吉」，維持目前的情況比較有利，至少不會造成損失。

【建議】：如果是投資事業或必須根本上改變現況等風險高的事情，請暫且擱置，以避免損失持續擴大。可延至時序「立春／雨水」再行占卜；或有再次觸動轉變的契機，意猶未決時進行占卜。

186 上六，城復于隍；勿用師，自邑告命，貞吝。〈象〉曰：「城復于隍」，其命亂也。

請占之事：

【現況】：上六，所疑之事預估正確。如果所疑之事已在具

體進行中，當前的客觀環境對你冷漠無感，沒有助益。

【將來】：（平）「貞吝」，處境艱難，與其盲從躁動，不如維持目前的情況控管損害，不至損失持續擴大。

【警告】：「勿用師」，如果貿然投入資源想要獲取更大的利益，會慘遭挫敗。

【建議】：如果是投資事業或必須根本上改變現況等風險高的事情，請暫且擱置，以避免損失持續擴大。可延至時序「立春／雨水」再行占卜；或有再次觸動轉變的契機，意猶未決時進行占卜。

≡≡ **兌下，乾上。天澤 履（21）**

211 **初九，素履，往无咎。〈象〉曰：素履之往，獨行願也。**

請占之事：

【現況】：初九，所謀之事預估正確。如果所謀之事已在具體進行中，當前的客觀環境對你有阻礙、異議、紛爭，沒有助益。

【將來】：（吉）「素履，往无咎」，掌握時機，保守評估，量力而為，投入現有的資源，獲取更大的利益。化解歧見，建立共識，爭取有能力、有條件的人事物支持，發揮群策群力的力量，共圖事業。

【建議】：得地之宜，得人之助。保守評估，量力而為，可從事投資事業或根本上改變現況等風險高的事情。

212 九二，履道坦坦；幽人貞吉。〈象〉曰：「幽人貞吉」，中不自亂也。

請占之事：

【現況】：九二，所謀之事預估偏失。如果所謀之事已在具體進行中，當前的客觀環境對你有阻礙、異議、紛爭，沒有助益。

【將來】：（平）「幽人貞吉」，外緣助力不如預期。維持目前的情況比較有利，至少不會造成損失。

【警告】：「履道坦坦」，承受外來的壓力，不要盲從躁動。如果貿然投入資源想要獲取更大的利益，會慘遭挫敗。

【建議】：如果是投資事業或必須根本上改變現況等風險高的事情，請暫且擱置，以避免損失持續擴大。可延至時序「小暑／大暑」再行占卜；或有再次觸動轉變的契機，意猶未決時進行占卜。

213 六三，眇能視，跛能履，履虎尾咥人，凶；武人為于大君。〈象〉曰：「眇能視」，不足以有明也；「跛能履」，不足以與行也；咥人之凶，位不當也；「武人為于大君」，志剛也。

請占之事：

【現況】：六三，所疑之事預估偏失。如果所疑之事已在具體進行中，當前的客觀環境對你看似有利，實而無益。

【將來】：（凶）「眇能視，跛能履」，外在環境有所牽制，停滯不前。維持目前的情況比較有利，至少不會造成損失。

【警告】：「履虎尾咥人，凶」，如果貿然投入既有的資源，想要獲取更大的利益，會蒙受嚴重的損失。

【建議】：如果是投資事業或必須根本上改變現況等風險高的事情，請暫且擱置，以避免損失持續擴大。可延至時序「小暑／大暑」再行占卜；或有再次觸動轉變的契機，意猶未決時進行占卜。

214 九四，履虎尾，愬愬。終吉。〈象〉曰：「愬愬終吉」，志行也。

請占之事：

【現況】：九四，所謀之事預估偏失。如果所謀之事已在具體進行中，當前的客觀環境對你看似有利，實而無益。

【將來】：（平）「終吉」，維持目前的情況比較有利，至少不會造成損失。

【警告】：「愬愬」，如果貿然投入既有的資源，想要獲取更大的利益，會蒙受嚴重的損失。

【建議】：如果是投資事業或必須根本上改變現況等風險高的事情，請暫且擱置，以避免損失持續擴大。可延至時序「小暑／大暑」再行占卜；或有再次觸動轉變的契機，意猶未決時進行占卜。

215 九五，夬履；貞厲。〈象〉曰：「夬履貞厲」，位正當也。

請占之事：

【現況】：九五，所謀之事預估正確。如果所謀之事已在具

體進行中，當前的客觀環境對你有阻礙、異議、紛爭，沒有助益。

【將來】：（吉）「夬履」，掌握時機，投入現有的資源，獲取更大的利益。化解歧見，建立共識，爭取有能力、有條件的人事物支持，發揮群策群力的力量，共圖事業。

【警告】：「貞厲」，如果安於現狀，被動等待，損失會持續擴大。

【建議】：得天之時，得人之助。可從事投資事業或根本上改變現況等風險高的事情。

216 上九，視履考祥，其旋元吉。〈象〉曰：元吉在上，大有慶也。

請占之事：

【現況】：上九，所謀之事預估偏失。如果所謀之事已在具體進行中，當前的客觀環境對你有阻礙、異議、紛爭，沒有助益。

【將來】：（吉）「其旋元吉」，掌握時機，投入現有的資源，獲取更大的利益。化解歧見，建立共識，爭取有能力、有條件的人事物支持，發揮群策群力的力量，共圖事業。

【建議】：得天之時，得人之助。可從事投資事業或根本上改變現況等風險高的事情。

☱ 兌下，兌上。兌 為澤（22）

221 初九，和兌，吉。〈象〉曰：和兌之吉，行未疑也。

請占之事：

【現況】：初九，所謀之事預估正確。如果所謀之事已在具體進行中，當前的客觀環境對你有阻礙、異議、紛爭，沒有助益。

【將來】：（平）「和兌之吉」，維持目前的情況比較有利，至少不會造成損失。

【建議】：如果是投資事業或必須根本上改變現況等風險高的事情，請暫且擱置，以避免損失持續擴大。可延至時序「白露／秋分」再行占卜；或有再次觸動轉變的契機，意猶未決時進行占卜。

222 九二，孚兌，吉，悔亡。〈象〉曰：孚兌之吉，信志也。

請占之事：

【現況】：九二，所謀之事預估偏失。如果所謀之事已在具體進行中，當前的客觀環境對你有阻礙、異議、紛爭，沒有助益。

【將來】：（平）「孚兌之吉」，外緣助力不如預期。維持目前的情況比較有利，至少不會造成損失。

【建議】：如果是投資事業或必須根本上改變現況等風險高的事情，請暫且擱置，以避免損失持續擴大。可延至時序

「白露／秋分」再行占卜；或有再次觸動轉變的契機，意猶未決時進行占卜。

223 六三，來兌，凶。〈象〉曰：來兌之凶，位不當也。

請占之事：

【現況】：六三，所疑之事預估偏失。如果所疑之事已在具體進行中，當前的客觀環境對你看似有利，實而無益。

【將來】：（凶）外在環境有所牽制，停滯不前。維持目前的情況比較有利，至少不會造成損失。

【警告】：「來兌之凶」，自我克制，不要受到外在人事物誘惑。

【建議】：如果是投資事業或必須根本上改變現況等風險高的事情，請暫且擱置，以避免損失持續擴大。可延至時序「白露／秋分」再行占卜；或有再次觸動轉變的契機，意猶未決時進行占卜。

224 九四，商兌未寧，介疾有喜。〈象〉曰：九四之喜，有慶也。

請占之事：

【現況】：九四，所謀之事預估偏失。如果所謀之事已在具體進行中，當前的客觀環境對你看似有利，實而無益。

【將來】：（平）「介疾有喜」，維持目前的情況比較有利，至少不會造成損失。

【建議】：如果是投資事業或必須根本上改變現況等風險高的事情，請暫且擱置，以避免損失持續擴大。可延至時序

「白露／秋分」再行占卜；或有再次觸動轉變的契機，意猶未決時進行占卜。

---

225 九五，孚于剝，有厲。〈象〉曰：「孚于剝」，位正當也。

請占之事：

【現況】：九五，所謀之事預估正確。如果所謀之事已在具體進行中，當前的客觀環境對你不如預期，助力有限。

【將來】：（平）維持目前的情況比較有利，至少不會造成損失。

【警告】：「孚于剝，有厲」，如果貿然投入資源想要獲取更大的利益，會慘遭挫敗。

【建議】：如果是投資事業或必須根本上改變現況等風險高的事情，請暫且擱置，以避免損失持續擴大。可延至時序「白露／秋分」再行占卜；或有再次觸動轉變的契機，意猶未決時進行占卜。

---

226 上六，引兌。〈象〉曰：上六引兌，未光也。

請占之事：

【現況】：上六，所疑之事預估正確。如果所疑之事已在具體進行中，當前的客觀環境對你有所牽制，停滯不前。

【將來】：（平）「引兌」，維持目前的情況比較有利，至少不會造成損失。

【建議】：如果是投資事業或必須根本上改變現況等風險高的事情，請暫且擱置，以避免損失持續擴大。可延至時序

「白露／秋分」再行占卜；或有再次觸動轉變的契機，意猶未決時進行占卜。

☲☱ 兑下，離上。火澤 睽（23）

231 初九，悔亡；喪馬，勿逐自復；見惡人，无咎。
〈象〉曰：「見惡人」，以辟咎也。

請占之事：

【現況】：初九，所謀之事預估正確。如果所謀之事已在具體進行中，當前的客觀環境對你有阻礙、異議、紛爭，沒有助益。

【將來】：（平）「悔亡」，維持目前的情況比較有利，至少不會造成損失。

【警告】：「喪馬，勿逐自復」，如果貿然投入資源想要獲取更大的利益，會慘遭挫敗。

【建議】：如果是投資事業或必須根本上改變現況等風險高的事情，請暫且擱置，以避免損失持續擴大。可延至時序「小寒／大寒」再行占卜；或有再次觸動轉變的契機，意猶未決時進行占卜。

232 九二，遇主于巷，无咎。〈象〉曰：「遇主于巷」，未失道也。

請占之事：

【現況】：九二，所謀之事預估偏失。如果所謀之事已在具體進行中，當前的客觀環境對你有阻礙、異議、紛爭，沒有

助益。

【將來】：（平）「无咎」，外緣助力不如預期。維持目前的情況比較有利，至少不會造成損失。

【建議】：如果是投資事業或必須根本上改變現況等風險高的事情，請暫且擱置，以避免損失持續擴大。可延至時序「小寒／大寒」再行占卜；或有再次觸動轉變的契機，意猶未決時進行占卜。

233 六三，見輿曳，其牛掣；其人天且劓。无初有終。〈象〉曰：「見輿曳」，位不當也；「无初有終」，遇剛也。

請占之事：

【現況】：六三，所疑之事預估偏失。如果所疑之事已在具體進行中，當前的客觀環境對你看似有利，實而無益。

【將來】：（平）「見輿曳，其牛掣」，外在環境有所牽制，停滯不前。維持目前的情況比較有利，至少不會造成損失。

【警告】：「其人天且劓」，如果貿然投入資源想要獲取更大的利益，會慘遭挫敗。

【建議】：如果是投資事業或必須根本上改變現況等風險高的事情，請暫且擱置，以避免損失持續擴大。可延至時序「小寒／大寒」再行占卜；或有再次觸動轉變的契機，意猶未決時進行占卜。

234 九四，睽孤；遇元夫，交孚，厲无咎。〈象〉曰：交

孚无咎，志行也。

請占之事：

【現況】：九四，所謀之事預估偏失。如果所謀之事已在具體進行中，當前的客觀環境對你看似有利，實而無益。

【將來】：（平）「厲无咎」，維持目前的情況比較有利，至少不會造成損失。

【警告】：「睽孤，遇元夫」，如果貿然投入資源想要獲取更大的利益，會慘遭挫敗。

【建議】：如果是投資事業或必須根本上改變現況等風險高的事情，請暫且擱置，以避免損失持續擴大。可延至時序「小寒／大寒」再行占卜；或有再次觸動轉變的契機，意猶未決時進行占卜。

235 六五，悔亡，厥宗噬膚，往何咎？〈象〉曰：「厥宗噬膚」，往有慶也。

請占之事：

【現況】：六五，所疑之事預估偏失。如果所疑之事已在具體進行中，當前的客觀環境對你助力有實質利益。

【將來】：（吉）「往何咎」，投入現有的資源，爭取有能力、有條件的人事物支持，獲取更大的利益。

【建議】：得天之時，得人之助。可從事投資事業或根本上改變現況等風險高的事情。

236 上九，睽孤，見豕負塗，載鬼一車，先張之弧，後說之弧；匪寇婚媾；往遇雨則吉。〈象〉曰：遇雨之吉，群疑

亡也。

請占之事：

【現況】：上九，所謀之事預估偏失。如果所謀之事已在具體進行中，當前的客觀環境對你不如預期，助力有限。

【將來】：（吉）「往遇雨則吉」，投入現有的資源，獲取更大的利益。化解歧見，建立共識，爭取有能力、有條件的人事物支持，發揮群策群力的力量，共圖事業。優勢在我方，順勢而為。

【警告】：「見豕負塗，載鬼一車」，撲朔迷離，曖昧不明，諸多考驗，幾番波折，主動出擊。

【建議】：得天之時，得人之助。可從事投資事業或根本上改變現況等風險高的事情。

兌下，震上。雷澤 歸妹（24）

241 初九，歸妹以娣，跛能履，征吉。〈象〉曰：「歸妹以娣」，以恆也；「跛能履」，吉相承也。

請占之事：

【現況】：初九，所謀之事預估正確。如果所謀之事已在具體進行中，當前的客觀環境對你有阻礙、異議、紛爭，沒有助益。

【將來】：（吉）「跛能履，征吉」，掌握時機，保守評估，量力而為，投入現有的資源，獲取更大的利益。化解歧見，建立共識，爭取有能力、有條件的人事物支持，發揮群策群力的力量，共圖事業。

【建議】：得天之時，得人之助。保守評估，量力而為，可從事投資事業或根本上改變現況等風險高的事情。

242 九二，眇能視，利幽人之貞。〈象〉曰：「利幽人之貞」，未變常也。

請占之事：

【現況】：九二，所謀之事預估偏失。如果所謀之事已在具體進行中，當前的客觀環境對你有阻礙、異議、紛爭，沒有助益。

【將來】：（平）「利幽人之貞」，外緣助力不如預期。維持目前的情況比較有利，至少不會造成損失。

【建議】：如果是投資事業或必須根本上改變現況等風險高的事情，請暫且擱置，以避免損失持續擴大。可延至時序「寒露／霜降」再行占卜；或有再次觸動轉變的契機，意猶未決時進行占卜。

243 六三，歸妹以須，反歸以娣。〈象〉曰：「歸妹以須」，未當也。

請占之事：

【現況】：六三，所疑之事預估偏失。如果所疑之事已在具體進行中，當前的客觀環境對你看似有利，實而無益。

【將來】：（平）「反歸以娣」，外在環境有所牽制，停滯不前。維持目前的情況比較有利，至少不會造成損失。

【警告】：「歸妹以須」，如果貿然投入資源想要獲取更大的利益，會慘遭挫敗。

【建議】：如果是投資事業或必須根本上改變現況等風險高的事情，請暫且擱置，以避免損失持續擴大。可延至時序「寒露／霜降」再行占卜；或有再次觸動轉變的契機，意猶未決時進行占卜。

244 九四，歸妹愆期，遲歸有時。〈象〉曰：愆期之志，有待而行也。

請占之事：

【現況】：九四，所謀之事預估偏失。如果所謀之事已在具體進行中，當前的客觀環境對你看似有利，實而無益。

【將來】：（平）「遲歸有時」，外緣助力不如預期。維持目前的情況比較有利，至少不會造成損失。

【警告】：「有待時而行也」，如果貿然投入資源想要獲取更大的利益，會慘遭挫敗。

【建議】：如果是投資事業或必須根本上改變現況等風險高的事情，請暫且擱置，以避免損失持續擴大。可延至時序「寒露／霜降」再行占卜；或有再次觸動轉變的契機，意猶未決時進行占卜。

245 六五，帝乙歸妹，其君之袂，不如其娣之袂良；月幾望，吉。〈象〉曰：「帝乙歸妹」，「不如其娣之袂良」也；其位在中，以貴行也。

請占之事：

【現況】：六五，所疑之事預估偏失。如果所疑之事已在具體進行中，當前的客觀環境無助力，冷漠無感。

【將來】：（吉）「其娣之袂良」，掌握時機，投入現有的資源，獲取更大的利益。爭取有能力、有條件的人事物支持，發揮群策群力的力量，共圖事業。

【警告】：「其君之袂」，如果安於現狀，被動等待，損失會持續擴大。

【建議】：得天之時，得人之助。保守評估，量力而為，可從事投資事業或根本上改變現況等風險高的事情。

|246| 上六，女承筐，无實，士刲羊，无血；无攸利。〈象〉曰：上六无實，承虛筐也。

請占之事：

【現況】：上六，所疑之事預估正確。如果所疑之事已在具體進行中，當前的客觀環境對你冷漠無感，沒有助益。

【將來】：（平）「无實」，處境艱難，與其盲從躁動，不如維持目前的情況控管損害，不至損失持續擴大。

【建議】：如果是投資事業或必須根本上改變現況等風險高的事情，請暫且擱置，以避免損失持續擴大。可延至時序「寒露／霜降」再行占卜；或有再次觸動轉變的契機，意猶未決時進行占卜。

兌下，巽上。風澤 中孚（25）

|251| 初九，虞吉，有他不燕。〈象〉曰：初九虞吉，志未變也。

請占之事：

【現況】：初九，所謀之事預估正確。如果所謀之事已在具體進行中，當前的客觀環境對你有阻礙、異議、紛爭，沒有助益。

【將來】：（平）「虞吉」，維持目前的情況比較有利，至少不會造成損失。

【警告】：「有他不燕」，如果貿然投入資源想要獲取更大的利益，會慘遭挫敗。

【建議】：如果是投資事業或必須根本上改變現況等風險高的事情，請暫且擱置，以避免損失持續擴大。可延至時序「大雪／冬至」再行占卜；或有再次觸動轉變的契機，意猶未決時進行占卜。

---

252 九二，鳴鶴在陰，其子和之；我有好爵，吾與爾靡之。〈象〉曰：「其子和之」，中心願也。

請占之事：

【現況】：九二，所謀之事預估偏失。如果所謀之事已在具體進行中，當前的客觀環境對你有阻礙、異議、紛爭，沒有助益。

【將來】：（平）「鳴鶴在陰」，外緣助力不如預期。維持目前的情況比較有利，至少不會造成損失。

【建議】：如果是投資事業或必須根本上改變現況等風險高的事情，請暫且擱置，以避免損失持續擴大。可延至時序「大雪／冬至」再行占卜；或有再次觸動轉變的契機，意猶未決時進行占卜。

253 六三，得敵，或鼓或罷，或泣或歌。〈象〉曰：「或鼓或罷」，位不當也。

請占之事：

【現況】：六三，所疑之事預估偏失。如果所疑之事已在具體進行中，當前的客觀環境對你冷漠無感，沒有助益。

【將來】：（平）「或鼓或罷，或泣或歌」，靜觀其變，自我克制，不要受到外在人事物誘惑。外在環境有所牽制，停滯不前。維持目前的情況比較有利，至少不會造成損失。

【警告】：「得敵」，如果貿然投入資源想要獲取更大的利益，會慘遭挫敗。

【建議】：如果是投資事業或必須根本上改變現況等風險高的事情，請暫且擱置，以避免損失持續擴大。可延至時序「大雪／冬至」再行占卜；或有再次觸動轉變的契機，意猶未決時進行占卜。

254 六四，月幾望，馬匹亡，无咎。〈象〉曰：「馬匹亡」，絕類上也。

請占之事：

【現況】：六四，所疑之事預估正確。如果所疑之事已在具體進行中，當前的客觀環境對你冷漠無感，沒有助益。

【將來】：（吉）「月幾望，馬匹亡，无咎」，有外緣相助，可以獲得實質的利益。

【建議】：雖然可以從中獲益，仍以保守評估為要，不可過度樂觀。不宜投資本業以外之事業或必須根本上改變現況等風險高的事情。

255 九五，有孚攣如，无咎。〈象〉曰：「有孚攣如」，位正當也。

請占之事：

【現況】：九五，所謀之事預估正確。如果所謀之事已在具體進行中，當前的客觀環境對你有阻礙、異議、紛爭，沒有助益。

【將來】：（平）「有孚攣如，无咎」，外緣助力不如預期。維持目前的情況比較有利，至少不會造成損失。

【建議】：如果是投資事業或必須根本上改變現況等風險高的事情，請暫且擱置，以避免損失持續擴大。可延至時序「大雪／冬至」再行占卜；或有再次觸動轉變的契機，意猶未決時進行占卜。

256 上九，翰音登于天，貞凶。〈象〉曰：「翰音登于天」，何可長也？

請占之事：

【現況】：上九，所謀之事預估偏失。如果所謀之事已在具體進行中，當前的客觀環境對你有阻礙、異議、紛爭，沒有助益。

【將來】：（凶）「翰音登于天，貞凶」，處境艱難，與其盲從躁動，不如維持目前的情況控管損害，不至損失持續擴大。

【建議】：如果是投資事業或必須根本上改變現況等風險高的事情，請暫且擱置，以避免損失持續擴大。可延至時序「大雪／冬至」再行占卜；或有再次觸動轉變的契機，意猶

未決時進行占卜。

☵☱ 兌下，坎上。水澤　節（26）

261 初九，不出戶庭，无咎。〈象〉曰：「不出戶庭」，知通塞也。

請占之事：

【現況】：初九，所謀之事預估正確。如果所謀之事已在具體進行中，當前的客觀環境對你有阻礙、異議、紛爭，沒有助益。

【將來】：（平）「不出戶庭，无咎」，自我克制，不要受到外在人事物誘惑。維持目前的情況比較有利，至少不會造成損失。

【建議】：如果是投資事業或必須根本上改變現況等風險高的事情，請暫且擱置，以避免損失持續擴大。可延至時序「立秋／處暑」再行占卜；或有再次觸動轉變的契機，意猶未決時進行占卜。

262 九二，不出門庭，凶。〈象〉曰：「不出門庭凶」，失時極也。

請占之事：

【現況】：九二，所謀之事預估偏失。如果所謀之事已在具體進行中，當前的客觀環境對你有阻礙、異議、紛爭，沒有助益。

【將來】：（吉）掌握時機，投入現有的資源，獲取更大的

利益。爭取有能力、有條件的人事物支持，發揮群策群力的力量，共圖事業。

【警告】：「不出門庭。凶」，如果安於現狀，被動等待，損失會持續擴大。

【建議】：得地之宜，得人之助。可從事投資事業或根本上改變現況等風險高的事情。

---

263 六三，不節若，則嗟若，无咎。〈象〉曰：不節之嗟，又誰咎也？

請占之事：

【現況】：六三，所疑之事預估偏失。如果所疑之事已在具體進行中，當前的客觀環境對你冷漠無感，沒有助益。

【將來】：（平）外在環境有所牽制，停滯不前。維持目前的情況比較有利，至少不會造成損失。

【警告】：「不節之嗟」，如果貿然投入資源想要獲取更大的利益，會慘遭挫敗。

【建議】：如果是投資事業或必須根本上改變現況等風險高的事情，請暫且擱置，以避免損失持續擴大。可延至時序「立秋／處暑」再行占卜；或有再次觸動轉變的契機，意猶未決時進行占卜。

---

264 六四，安節，亨。〈象〉曰：安節之亨，承上道也。

請占之事：

【現況】：六四，所疑之事預估正確。如果所疑之事已在具體進行中，當前的客觀環境對你冷漠無感，沒有助益。

【將來】：（吉）「安節，亨」，有意外的外緣主動相助，可以獲得實質的利益。

【建議】：雖然可以從中獲益，仍以保守評估為要，不可過度樂觀。不宜投資本業以外事業或必須根本上改變現況等風險高的事情。

265 九五，甘節，吉，往有尚。〈象〉曰：甘節之吉，居位中也。

請占之事：

【現況】：九五，所謀之事預估正確。如果所謀之事已在具體進行中，當前的客觀環境對你不如預期，助力有限。

【將來】：（吉）「往有尚」，掌握時機，投入現有的資源，獲取更大的利益。爭取有能力、有條件的人事物支持，發揮群策群力的力量，共圖事業。

【建議】：得天之時，得人之助。可從事投資事業或根本上改變現況等風險高的事情。

266 上六，苦節；貞凶，悔亡。〈象〉曰：「苦節貞凶」，其道窮也。

請占之事：

【現況】：上六，所疑之事預估正確。如果所疑之事已在具體進行中，當前的客觀環境對你有所牽制，停滯不前。

【將來】：（凶）「貞凶，悔亡」，處境艱難，與其盲從躁動，不如維持目前的情況控管損害，不至損失持續擴大。

【建議】：如果是投資事業或必須根本上改變現況等風險高

的事情，請暫且擱置，以避免損失持續擴大。可延至時序「立秋／處暑」再行占卜；或有再次觸動轉變的契機，意猶未決時進行占卜。

䷨ 兌下，艮上。山澤 損（27）

271 初九，已事遄往，无咎；酌損之。〈象〉曰：「已事遄往」，尚合志也。

請占之事：

【現況】：初九，所謀之事預估正確。如果所謀之事已在具體進行中，當前的客觀環境對你有阻礙、異議、紛爭，沒有助益。

【將來】：（吉）「已事遄往，无咎」，投入現有的資源，獲取更大的利益。化解歧見，建立共識，爭取有能力、有條件的人事物支持，發揮群策群力的力量，共圖事業。優勢在我方，順勢而為。

【建議】：得地之宜，得人之助，得天之時。可從事投資事業或根本上改變現況等風險高的事情。

272 九二，利貞，征凶；弗損益之。〈象〉曰：九二利貞，中以為志也。

請占之事：

【現況】：九二，所謀之事預估偏失。如果所謀之事已在具體進行中，當前的客觀環境對你有阻礙、異議、紛爭，沒有助益。

【將來】：（平）「利貞」，外緣助力不如預期。維持目前的情況比較有利，至少不會造成損失。

【警告】：「征凶」，如果貿然投入資源想要獲取更大的利益，會慘遭挫敗。

【建議】：如果是投資事業或必須根本上改變現況等風險高的事情，請暫且擱置，以避免損失持續擴大。可延至時序「立秋／處暑」再行占卜；或有再次觸動轉變的契機，意猶未決時進行占卜。

273 六三，三人行，則損一人；一人行，則得其友。〈象〉曰：「一人行」，三則疑也。

請占之事：

【現況】：六三，所疑之事預估偏失。如果所疑之事已在具體進行中，當前的客觀環境對你冷漠無感，沒有助益。

【將來】：（吉）「一人行，則得其友」，有意外的外緣主動相助，可以獲得實質的利益。

【警告】：「三人行，則損一人」，如果貿然投入資源想要獲取更大的利益，會慘遭挫敗。

【建議】：雖然可以從中獲益，仍不宜投資本業以外之事業或必須根本上改變現況等風險高的事情。

274 六四，損其疾，使遄有喜，无咎。〈象〉曰：「損其疾」，亦可喜也。

請占之事：

【現況】：六四，所疑之事預估正確。如果所疑之事已在具

體進行中，當前的客觀環境對你冷漠無感，沒有助益。

【將來】：（平）「損其疾」，維持目前的情況比較有利，至少不會造成損失。

【建議】：如果是投資事業或必須根本上改變現況等風險高的事情，請暫且擱置，以避免損失持續擴大。可延至時序「立秋／處暑」再行占卜；或有再次觸動轉變的契機，意猶未決時進行占卜。

275 六五，或益之十朋之龜，弗克違，元吉。〈象〉曰：六五元吉，自上祐也。

請占之事：

【現況】：六五，所疑之事預估偏失。如果所疑之事已在具體進行中，當前的客觀環境對你助力有實質利益。

【將來】：（吉）「元吉」，有意外的外緣主動相助，可以獲得實質的利益。

【建議】：雖然可以從中獲益，仍不宜投資本業以外之事業或必須根本上改變現況等風險高的事情。

276 上九，弗損益之；无咎，貞吉，利有攸往，得臣无家。〈象〉曰：「弗損益之」，大得志也。

請占之事：

【現況】：上九，所謀之事預估偏失。如果所謀之事已在具體進行中，當前的客觀環境對你不如預期，助力有限。

【將來】：（吉）「利有攸往」，投入現有的資源，爭取有能力、有條件的人事物支持，獲取更大的利益。

【建議】：得天之時，得人之助。可從事投資事業或根本上改變現況等風險高的事情。

兑下，坤上。地澤　臨（28）

281 初九，咸臨，貞吉。〈象〉曰：「咸臨貞吉」，志行正也。

請占之事：

【現況】：初九，所謀之事預估正確。如果所謀之事已在具體進行中，當前的客觀環境對你有阻礙、異議、紛爭，沒有助益。

【將來】：（平）「貞吉」，維持目前的情況比較有利，至少不會造成損失。

【建議】：如果是投資事業或必須根本上改變現況等風險高的事情，請暫且擱置，以避免損失持續擴大。可延至時序「小寒／大寒」再行占卜；或有再次觸動轉變的契機，意猶未決時進行占卜。

282 九二，咸臨，吉，无不利。〈象〉曰：「咸臨吉无不利」，未順命也。

請占之事：

【現況】：九二，所謀之事預估偏失。如果所謀之事已在具體進行中，當前的客觀環境對你有阻礙、異議、紛爭，沒有助益。

【將來】：（平）「吉无不利」，外緣助力不如預期。維持

目前的情況比較有利，至少不會造成損失。

【建議】：如果是投資事業或必須根本上改變現況等風險高的事情，請暫且擱置，以避免損失持續擴大。可延至時序「小寒／大寒」再行占卜；或有再次觸動轉變的契機，意猶未決時進行占卜。

---

283 六三，甘臨，无攸利；既憂之，无咎。〈象〉曰：「甘臨」，位不當也；「既憂之」，咎不長也。

請占之事：

【現況】：六三，所疑之事預估偏失。如果所疑之事已在具體進行中，當前的客觀環境對你冷漠無感，沒有助益。

【將來】：（平）「既憂之，无咎」，外在環境有所牽制，停滯不前。靜觀其變，自我克制，不要受到外在人事物誘惑。維持目前的情況比較有利，至少不會造成損失。

【警告】：「甘臨，无攸利」，如果貿然投入資源想要獲取更大的利益，會慘遭挫敗。

【建議】：如果是投資事業或必須根本上改變現況等風險高的事情，請暫且擱置，以避免損失持續擴大。可延至時序「小寒／大寒」再行占卜；或有再次觸動轉變的契機，意猶未決時進行占卜。

---

284 六四，至臨，无咎。〈象〉曰：「至臨无咎」，位當也。

請占之事：

【現況】：六四，所疑之事預估正確。如果所疑之事已在具

體進行中，當前的客觀環境對你冷漠無感，沒有助益。

【將來】：（平）「至臨无咎」，維持目前的情況比較有利，至少不會造成損失。

【建議】：如果是投資事業或必須根本上改變現況等風險高的事情，請暫且擱置，以避免損失持續擴大。可延至時序「小寒／大寒」再行占卜；或有再次觸動轉變的契機，意猶未決時進行占卜。

285 六五，知臨，大君之宜，吉。〈象〉曰：「大君之宜」，行中之謂也。

請占之事：

【現況】：六五，所疑之事預估偏失。如果所疑之事已在具體進行中，當前的客觀環境對你冷漠無感，沒有助益。

【將來】：（平）「大君之宜，吉」，維持目前的情況比較有利，至少不會造成損失。

【建議】：如果是投資事業或必須根本上改變現況等風險高的事情，請暫且擱置，以避免損失持續擴大。可延至時序「小寒／大寒」再行占卜；或有再次觸動轉變的契機，意猶未決時進行占卜。

286 上六，敦臨，吉，无咎。〈象〉曰：「敦臨之吉」，志在內也。

請占之事：

【現況】：上六，所疑之事預估正確。如果所疑之事已在具體進行中，當前的客觀環境對你冷漠無感，沒有助益。

【將來】：（平）「敦臨吉」，維持目前的情況比較有利，至少不會造成損失。

【建議】：如果是投資事業或必須根本上改變現況等風險高的事情，請暫且擱置，以避免損失持續擴大。可延至時序「小寒／大寒」再行占卜；或有再次觸動轉變的契機，意猶未決時進行占卜。

≣ 離下，乾上。天火 同人（31）

311 初九，同人于門，无咎。〈象〉曰：出門同人，又誰咎也？

請占之事：

【現況】：初九，所謀之事預估正確。如果所謀之事已在具體進行中，當前的客觀環境對你不如預期，助力有限。

【將來】：（平）「同人于門」，外緣助力不如預期。維持目前的情況比較有利，至少不會造成損失。

【建議】：如果是投資事業或必須根本上改變現況等風險高的事情，請暫且擱置，以避免損失持續擴大。可延至時序「立秋／處暑」再行占卜；或有再次觸動轉變的契機，意猶未決時進行占卜。

312 六二，同人于宗，吝。〈象〉曰：「同人于宗」，吝道也。

請占之事：

【現況】：六二，所疑之事預估正確。如果所疑之事已在具

體進行中，當前的客觀環境對你有所牽制，停滯不前。

【將來】：（吉）「同人于宗」，有外緣相助，可以獲得實質的利益。

【警告】：「吝」，如果貿然投入資源想要獲取更大的利益，會慘遭挫敗。

【建議】：雖然可以從中獲益，仍以保守評估為要，不可過度樂觀。不宜投資本業以外之事業或必須根本上改變現況等風險高的事情。

313 九三，伏戎于莽，升其高陵，三歲不興。〈象〉曰：「伏戎于莽」，敵剛也；「三歲不興」，安行也？

請占之事：

【現況】：九三，所謀之事預估正確。如果所謀之事已在具體進行中，當前的客觀環境對你有阻礙、異議、紛爭，沒有助益。

【將來】：（平）「伏戎于莽」，維持目前的情況比較有利，至少不會造成損失。

【警告】：「敵剛也」，如果貿然投入資源想要獲取更大的利益，會慘遭挫敗。

【建議】：如果是投資事業或必須根本上改變現況等風險高的事情，請暫且擱置，以避免損失持續擴大。可延至時序「立秋／處暑」再行占卜；或有再次觸動轉變的契機，意猶未決時進行占卜。

314 九四，乘其墉，弗克攻，吉。〈象〉曰：「乘其

塘」，義弗克也；其吉，則困而反則也。

請占之事：

【現況】：九四，所謀之事預估偏失。如果所謀之事已在具體進行中，當前的客觀環境對你有阻礙、異議、紛爭，沒有助益。

【將來】：（平）「乘其墉」，維持目前的情況比較有利，至少不會造成損失。

【警告】：「弗克攻」，如果貿然投入資源想要獲取更大的利益，會慘遭挫敗。

【建議】：如果是投資事業或必須根本上改變現況等風險高的事情，請暫且擱置，以避免損失持續擴大。可延至時序「立秋／處暑」再行占卜；或有再次觸動轉變的契機，意猶未決時進行占卜。

315 九五，同人，先號咷而後笑，大師克相遇。〈象〉曰：同人之先，以中直也；大師相遇，言相克也。

請占之事：

【現況】：九五，所謀之事預估正確。如果所謀之事已在具體進行中，當前的客觀環境對你有阻礙、異議、紛爭，沒有助益。

【將來】：（吉）「先號咷而後笑」，投入現有的資源，獲取更大的利益。化解歧見，建立共識，爭取有能力、有條件的人事物支持，發揮群策群力的力量，共圖事業。優勢在我方，順勢而為。

【建議】：得天之時，得人之助，得地之宜。可從事投資事

業或根本上改變現況等風險高的事情。

316 上九，同人于郊，无悔。〈象〉曰：「同人于郊」，志未得也。

請占之事：

【現況】：上九，所謀之事預估偏失。如果所謀之事已在具體進行中，當前的客觀環境對你有阻礙、異議、紛爭，沒有助益。

【將來】：（平）「同人于郊」，自我克制，不要受到外在人事物誘惑。維持目前情況比較有利，至少不會造成損失。

【建議】：如果是投資事業或必須根本上改變現況等風險高的事情，請暫且擱置，以避免損失持續擴大。可延至時序「立秋／處暑」再行占卜；或有再次觸動轉變的契機，意猶未決時進行占卜。

☱ 離下，兌上。澤火 革（32）

321 初九，鞏用黃牛之革。〈象〉曰：「鞏用黃牛」，不可以有為也。

請占之事：

【現況】：初九，所謀之事預估正確。如果所謀之事已在具體進行中，當前的客觀環境對你不如預期，助力有限。

【將來】：（平）「鞏用黃牛之革」，自我克制，不要受到外在人事物誘惑。維持目前的情況比較有利，至少不會造成損失。

【建議】：如果是投資事業或必須根本上改變現況等風險高的事情，請暫且擱置，以避免損失持續擴大。可延至時序「清明／穀雨」再行占卜；或有再次觸動轉變的契機，意猶未決時進行占卜。

---

322 六二，己日乃革之，征吉，无咎。〈象〉曰：「己日革之」，行有嘉也。

請占之事：

【現況】：六二，所疑之事預估正確。如果所疑之事已在具體進行中，當前的客觀環境對你有所牽制，停滯不前。

【將來】：（吉）「征吉，无咎」，掌握時機，投入現有的資源，獲取更大的利益。爭取有能力、有條件的人事物支持，發揮群策群力的力量，共圖事業。

【建議】：得地之宜，得人之助，得天之時。可從事投資事業或根本上改變現況等風險高的事情。

---

323 九三，征凶，貞厲；革言三就，有孚。〈象〉曰：「革言三就」，又何之矣？

請占之事：

【現況】：九三，所謀之事預估正確。如果所謀之事已在具體進行中，當前的客觀環境對你有阻礙、異議、紛爭，沒有助益。

【將來】：（平）「有孚」，維持目前的情況比較有利，至少不會造成損失。

【警告】：「征凶」，如果貿然投入資源想要獲取更大的利

益，會慘遭挫敗。

【建議】：如果是投資事業或必須根本上改變現況等風險高的事情，請暫且擱置，以避免損失持續擴大。可延至時序「清明／穀雨」再行占卜；或有再次觸動轉變的契機，意猶未決時進行占卜。

324 九四，悔亡，有孚改命，吉。〈象〉曰：改命之吉，信志也。

請占之事：

【現況】：九四，所謀之事預估偏失。如果所謀之事已在具體進行中，當前的客觀環境對你有阻礙、異議、紛爭，沒有助益。

【將來】：（平）「改命之吉」，改正盲從躁動的作法。維持目前的情況比較有利，至少不會造成損失。

【建議】：如果是投資事業或必須根本上改變現況等風險高的事情，請暫且擱置，以避免損失持續擴大。可延至時序「清明／穀雨」再行占卜；或有再次觸動轉變的契機，意猶未決時進行占卜。

325 九五，大人虎變，未占有孚。〈象〉曰：「大人虎變」，其文炳也。

請占之事：

【現況】：九五，所謀之事預估正確。如果所謀之事已在具體進行中，當前的客觀環境對你不如預期，助力有限。

【將來】：（吉）「大人虎變」，掌握時機，投入現有的資

源，獲取更大的利益。化解歧見，建立共識，爭取有能力、有條件的人事物支持，發揮群策群力的力量，共圖事業。

【建議】：得天之時，得人之助，得地之宜。可從事投資事業或根本上改變現況等風險高的事情。

---

326 上六，君子豹變，小人革面；征凶，居貞吉。〈象〉曰：君子豹變，其文蔚也；小人革面，順以從君也。

請占之事：

【現況】：上六，所疑之事預估正確。如果所疑之事已在具體進行中，當前的客觀環境對你有所牽制，停滯不前。

【將來】：（平）「居貞吉」，自我克制，不要受到外在人事物誘惑。維持目前的情況比較有利，至少不會造成損失。

【警告】：「征凶」，如果貿然投入資源想要獲取更大的利益，會慘遭挫敗。

【建議】：如果是投資事業或必須根本上改變現況等風險高的事情，請暫且擱置，以避免損失持續擴大。可延至時序「清明／穀雨」再行占卜；或有再次觸動轉變的契機，意猶未決時進行占卜。

☲ 離下，離上。離　為火（33）

331 初九，履錯然，敬之，无咎。〈象〉曰：履錯之敬，以辟咎也。

請占之事：

【現況】：初九，所謀之事預估正確。如果所謀之事已在具

體進行中，當前的客觀環境對你不如預期，助力有限。

【將來】：（平）「敬之无咎」，外緣助力不如預期。維持目前的情況比較有利，至少不會造成損失。

【警告】：「履錯然」，如果貿然投入資源想要獲取更大的利益，會慘遭挫敗。

【建議】：如果是投資事業或必須根本上改變現況等風險高的事情，請暫且擱置，以避免損失持續擴大。可延至時序「芒種／夏至」再行占卜；或有再次觸動轉變的契機，意猶未決時進行占卜。

---

332 六二，黃離，元吉。〈象〉曰：「黃離元吉」，得中道也。

請占之事：

【現況】：六二，所疑之事預估正確。如果所疑之事已在具體進行中，當前的客觀環境對你有所牽制，停滯不前。

【將來】：（吉）「黃離元吉」，有外緣相助，可以獲得實質的利益。

【建議】：雖然可以從中獲益，仍以保守評估為要，不可過度樂觀。不宜投資本業以外之事業或必須根本上改變現況等風險高的事情。

---

333 九三，日昃之離，不鼓缶而歌，則大耋之嗟，凶。〈象〉曰：「日昃之離」，何可久也？

請占之事：

【現況】：九三，所謀之事預估正確。如果所謀之事已在具

體進行中，當前的客觀環境對你有阻礙、異議、紛爭，沒有助益。

【將來】：（凶）「日昃之離」，靜觀其變，自我克制，不要受到外在人事物誘惑。維持目前的情況比較有利，至少不會造成損失。

【警告】：「不鼓缶而歌，則大耋之嗟，凶」，如果貿然投入資源想要獲取更大的利益，會慘遭挫敗。

【建議】：如果是投資事業或必須根本上改變現況等風險高的事情，請暫且擱置，以避免損失持續擴大。可延至時序「芒種／夏至」再行占卜；或有再次觸動轉變的契機，意猶未決時進行占卜。

334 九四，突如其來如，焚如，死如，棄如。〈象〉曰：「突如其來如」，无所容也。

請占之事：

【現況】：九四，所謀之事預估偏失。如果所謀之事已在具體進行中，當前的客觀環境對你有阻礙、異議、紛爭，沒有助益。

【將來】：（凶）「突如其來如」，會有意外造成損失。

【警告】：「焚如，死如，棄如」，如果貿然投入資源想要獲取更大的利益，會慘遭挫敗。

【建議】：如果是投資事業或必須根本上改變現況等風險高的事情，請暫且擱置，以避免損失持續擴大。可延至時序「芒種／夏至」再行占卜；或有再次觸動轉變的契機，意猶未決時進行占卜。

335 六五，出涕沱若，戚嗟若；吉。〈象〉曰：六五之吉，離王公也。

請占之事：

【現況】：六五，所疑之事預估偏失。如果所疑之事已在具體進行中，當前的客觀環境對你助力有實質利益。

【將來】：（吉）「出涕沱若」、「吉」，投入現有的資源，獲取更大的利益。化解歧見，建立共識，爭取有能力、有條件的人事物支持，發揮群策群力的力量，共圖事業。優勢在我方，順勢而為。

【建議】：得天之時，得人之助，得地之宜。可從事投資事業或根本上改變現況等風險高的事情。

336 上九，王用出征，有嘉折首，獲匪其醜，无咎。〈象〉曰：「王用出征」，以正邦也。

請占之事：

【現況】：上九，所謀之事預估偏失。如果所謀之事已在具體進行中，當前的客觀環境對你不如預期，助力有限。

【將來】：（吉）「王用出征」，投入現有的資源，獲取更大的利益。化解歧見，建立共識，爭取有能力、有條件的人事物支持，發揮群策群力的力量，共圖事業。優勢在我方，順勢而為。

【建議】：得天之時，得人之助，得地之宜。可從事投資事業或根本上改變現況等風險高的事情。

☳☲ **離下，震上。雷火 豐（34）**

341 初九，遇其配主，雖旬无咎，往有尚。〈象〉曰：「雖旬无咎」，過旬災也。

請占之事：

【現況】：初九，所謀之事預估正確。如果所謀之事已在具體進行中，當前的客觀環境對你不如預期，助力有限。

【將來】：（平）「雖旬无咎」，維持目前的情況比較有利，至少不會造成損失。

【建議】：如果是投資事業或必須根本上改變現況等風險高的事情，請暫且擱置，以避免損失持續擴大。可延至時序「小暑／大暑」再行占卜；或有再次觸動轉變的契機，意猶未決時進行占卜。

342 六二，豐其蔀，日中見斗，往得疑疾；有孚發若，吉。〈象〉曰：「有孚發若」，信以發志也。

請占之事：

【現況】：六二，所疑之事預估正確。如果所疑之事已在具體進行中，當前的客觀環境對你有所牽制，停滯不前。

【將來】：（吉）「有孚發若，吉」，有外緣相助，可以獲得實質的利益。

【警告】：「往得疑疾」，如果貿然投入資源想要獲取更大的利益，會慘遭挫敗。

【建議】：雖然可以從中獲益，仍以保守評估為要，不可過

度樂觀。不宜投資本業以外之事業或必須根本上改變現況等風險高的事情。

343 九三，豐其沛，日中見沬；折其右肱，无咎。〈象〉曰：「豐其沛」，不可大事也；「折其右肱」，終不可用也。

請占之事：

【現況】：九三，所謀之事預估正確。如果所謀之事已在具體進行中，當前的客觀環境對你有阻礙、異議、紛爭，沒有助益。

【將來】：（平）「不可大事也」，外緣助力不如預期。維持目前的情況比較有利，至少不會造成損失。

【警告】：「折其右肱」，如果貿然投入資源想要獲取更大的利益，會慘遭挫敗。

【建議】：如果是投資事業或必須根本上改變現況等風險高的事情，請暫且擱置，以避免損失持續擴大。可延至時序「小暑／大暑」再行占卜；或有再次觸動轉變的契機，意猶未決時進行占卜。

344 九四，豐其蔀，日中見斗；遇其夷主，吉。〈象〉曰：「豐其蔀」，位不當也；「日中見斗」，幽不明也；「遇其夷主」，吉行也。

請占之事：

【現況】：九四，所謀之事預估偏失。如果所謀之事已在具體進行中，當前的客觀環境對你有阻礙、異議、紛爭，沒有

助益。

【將來】：（平）「遇其夷主，吉」，外緣助力不如預期。維持目前的情況比較有利，至少不會造成損失。

【警告】：「日中見斗」，如果貿然投入資源想要獲取更大的利益，會慘遭挫敗。

【建議】：如果是投資事業或必須根本上改變現況等風險高的事情，請暫且擱置，以避免損失持續擴大。可延至時序「小暑／大暑」再行占卜；或有再次觸動轉變的契機，意猶未決時進行占卜。

345 六五，來章，有慶譽，吉。〈象〉曰：六五之吉，有慶也。

請占之事：

【現況】：六五，所疑之事預估偏失。如果所疑之事已在具體進行中，當前的客觀環境對你冷漠無感，沒有助益。

【將來】：（吉）「來章，有慶譽，吉」，投入現有的資源，爭取有能力、有條件的人事物支持，獲取更大的利益。

【建議】：得天之時，得人之助，得地之宜。可從事投資事業或根本上改變現況等風險高的事情。

346 上六，豐其屋，蔀其家，闚其戶，闃其无人，三歲不覿，凶。〈象〉曰：「豐其屋」，天際翔也；「闚其戶，闃其无人」，自藏也。

請占之事：

【現況】：上六，所疑之事預估正確。如果所疑之事已在具

體進行中，當前的客觀環境對你冷漠無感，沒有助益。

【將來】：（凶）「蔀其家」，處境艱難，與其盲從躁動，不如維持目前的情況控管損害，不至損失持續擴大。

【警告】：「三歲不覿，凶」，如果貿然投入資源想要獲取更大的利益，會慘遭挫敗。

【建議】：如果是投資事業或必須根本上改變現況等風險高的事情，請暫且擱置，以避免損失持續擴大。可延至時序「小暑／大暑」再行占卜；或有再次觸動轉變的契機，意猶未決時進行占卜。

≡≡ 離下，巽上。風火　家人（35）

351 初九，閑有家，悔亡。〈象〉曰：「閑有家」，志未變也。

請占之事：

【現況】：初九，所謀之事預估正確。如果所謀之事已在具體進行中，當前的客觀環境對你不如預期，助力有限。

【將來】：（平）「閑有家，悔亡」，維持目前的情況比較有利，至少不會造成損失。

【建議】：如果是投資事業或必須根本上改變現況等風險高的事情，請暫且擱置，以避免損失持續擴大。可延至時序「芒種／夏至」再行占卜；或有再次觸動轉變的契機，意猶未決時進行占卜。

352 六二，无攸遂，在中饋，貞吉。〈象〉曰：六二之

吉，順以巽也。

請占之事：

【現況】：六二，所疑之事預估正確。如果所疑之事已在具體進行中，當前的客觀環境對你有所牽制，停滯不前。

【將來】：（吉）「貞吉」，有外緣相助，可以獲得實質的利益。

【建議】：雖然可以從中獲益，仍以保守評估為要，不可過度樂觀。不宜投資本業以外之事業或必須根本上改變現況等風險高的事情。

---

353 九三，家人嗃嗃，悔厲，吉；婦子嘻嘻，終吝。〈象〉曰：「家人嗃嗃」，未失也；「婦子嘻嘻」，失家節也。

請占之事：

【現況】：九三，所謀之事預估正確。如果所謀之事已在具體進行中，當前的客觀環境對你看似有利，實而無益。

【將來】：（平）「家人嗃嗃，悔厲，吉」，維持目前的情況比較有利，至少不會造成損失。

【警告】：「婦子嘻嘻，終吝」，如果貿然投入資源想要獲取更大的利益，會慘遭挫敗。

【建議】：如果是投資事業或必須根本上改變現況等風險高的事情，請暫且擱置，以避免損失持續擴大。可延至時序「芒種／夏至」再行占卜；或有再次觸動轉變的契機，意猶未決時進行占卜。

354 六四，富家，大吉。〈象〉曰：「富家大吉」，順在位也。

請占之事：

【現況】：六四，所疑之事預估正確。如果所疑之事已在具體進行中，當前的客觀環境對你看似有利，實而無益。

【將來】：（吉）「富家大吉」，有外緣相助，可以獲得實質的利益。

【建議】：雖然可以從中獲益，仍以保守評估為要，不可過度樂觀。不宜投資本業以外之事業或必須根本上改變現況等風險高的事情。

355 九五，王假有家，勿恤，吉。〈象〉曰：「王假有家」，交相愛也。

請占之事：

【現況】：九五，所謀之事預估正確。如果所謀之事已在具體進行中，當前的客觀環境對你有阻礙、異議、紛爭，沒有助益。

【將來】：（平）「勿恤，吉」，外緣助力不如預期。維持目前的情況比較有利，至少不會造成損失。

【建議】：如果是投資事業或必須根本上改變現況等風險高的事情，請暫且擱置，以避免損失持續擴大。可延至時序「芒種／夏至」再行占卜；或有再次觸動轉變的契機，意猶未決時進行占卜。

356 上九，有孚，威如。終吉。〈象〉曰：威如之吉，反

身之謂也。

請占之事：

【現況】：上九，所謀之事預估偏失。如果所謀之事已在具體進行中，當前的客觀環境對你有阻礙、異議、紛爭，沒有助益。

【將來】：（吉）「威如之吉」，投入現有的資源，獲取更大的利益。化解歧見，建立共識，爭取有能力、有條件的人事物支持，發揮群策群力的力量，共圖事業。優勢在我方，順勢而為。

【建議】：得天之時，得人之助。保守評估，量力而為，可從事投資事業或根本上改變現況等風險高的事情。

≣ 離下，坎上。水火　既濟（36）

361 初九，曳其輪，濡其尾，无咎。〈象〉曰：「曳其輪」，義无咎也。

請占之事：

【現況】：初九，所謀之事預估正確。如果所謀之事已在具體進行中，當前的客觀環境對你不如預期，助力有限。

【將來】：（平）「曳其輪，濡其尾」，維持目前的情況比較有利，至少不會造成損失。

【建議】：如果是投資事業或必須根本上改變現況等風險高的事情，請暫且擱置，以避免損失持續擴大。可延至時序「立冬／小雪」再行占卜；或有再次觸動轉變的契機，意猶未決時進行占卜。

362 六二，婦喪其茀，勿逐，七日得。〈象〉曰：「七日得」，以中道也。

請占之事：

【現況】：六二，所疑之事想法正確。如果所疑之事已在具體進行中，當前的客觀環境對你有所牽制，停滯不前。

【將來】：（吉）「以中道也」，有外緣相助，可以獲得實質的利益。

【警告】：「勿逐」，如果貿然投入資源想要獲取更大的利益，會慘遭挫敗。

【建議】：雖然可以從中獲益，仍以保守評估為要，不可過度樂觀。不宜投資本業以外之事業或必須根本上改變現況等風險高的事情。

363 九三，高宗伐鬼方，三年克之；小人勿用。〈象〉曰：「三年克之」，憊也。

請占之事：

【現況】：九三，所謀之事預估正確。如果所謀之事已在具體進行中，當前的客觀環境對你看似有利，實而無益。

【將來】：（平）「三年克之」，外緣助力不如預期。維持目前的情況比較有利，至少不會造成損失。

【警告】：「小人勿用」，如果貿然投入資源想要獲取更大的利益，會慘遭挫敗。

【建議】：如果是投資事業或必須根本上改變現況等風險高的事情，請暫且擱置，以避免損失持續擴大。可延至時序「立冬／小雪」再行占卜；或有再次觸動轉變的契機，意猶

未決時進行占卜。

---

364 六四，繻有衣袽，終日戒。〈象〉曰：「終日戒」，有所疑也。

請占之事：

【現況】：六四，所疑之事預估正確。如果所疑之事已在具體進行中，當前的客觀環境對你看似有利，實而無益。

【將來】：（平）「終日戒」，維持目前的情況比較有利，至少不會造成損失。

【建議】：如果是投資事業或必須根本上改變現況等風險高的事情，請暫且擱置，以避免損失持續擴大。可延至時序「立冬／小雪」再行占卜；或有再次觸動轉變的契機，意猶未決時進行占卜。

---

365 九五，東鄰殺牛，不如西鄰之禴祭，實受其福。〈象〉曰：「東鄰殺牛」，不如西鄰之時也：「實受其福」，吉大來也。

請占之事：

【現況】：九五，所謀之事預估正確。如果所謀之事已在具體進行中，當前的客觀環境對你不如預期，助力有限。

【將來】：（平）「西鄰之禴祭」，外緣助力不如預期。維持目前的情況比較有利，至少不會造成損失。

【警告】：「東鄰殺牛」，如果貿然投入資源想要獲取更大的利益，會慘遭挫敗。

【建議】：如果是投資事業或必須根本上改變現況等風險高

的事情，請暫且擱置，以避免損失持續擴大。可延至時序
「立冬／小雪」再行占卜；或有再次觸動轉變的契機，意猶
未決時進行占卜。

366 上六，濡其首，厲。〈象〉曰：「濡其首厲」，何可
久也！

請占之事：

【現況】：上六，所疑之事預估正確。如果所疑之事已在具
體進行中，當前的客觀環境對你有所牽制，停滯不前。

【將來】：（凶）「濡其首，厲」，處境艱難，與其盲從躁
動，不如維持目前的情況控管損害，不至損失持續擴大。

【建議】：如果是投資事業或必須根本上改變現況等風險高
的事情，請暫且擱置，以避免損失持續擴大。可延至時序
「立冬／小雪」再行占卜；或有再次觸動轉變的契機，意猶
未決時進行占卜。

☲☶ 離下，艮上。山火　賁（37）

371 初九，賁其趾，舍車而徒。〈象〉曰：「舍車而
徒」，義弗乘也。

請占之事：

【現況】：初九，所謀之事預估正確。如果所謀之事已在具
體進行中，當前的客觀環境對你不如預期，助力有限。

【將來】：（平）「舍車而徒」，外緣助力不如預期。維持
目前的情況比較有利，至少不會造成損失。

【建議】：如果是投資事業或必須根本上改變現況等風險高的事情，請暫且擱置，以避免損失持續擴大。可延至時序「白露／秋分」再行占卜；或有再次觸動轉變的契機，意猶未決時進行占卜。

372 六二，賁其須。〈象〉曰：「賁其須」，與上興也。

請占之事：

【現況】：六二，所疑之事預估正確。如果所疑之事已在具體進行中，當前的客觀環境對你有所牽制，停滯不前。

【將來】：（吉）「賁其須」，有外緣相助，可以獲得實質的利益。

【建議】：雖然可以從中獲益，仍以保守評估為要，不可過度樂觀。不宜投資本業以外之事業或必須根本上改變現況等風險高的事情。

373 九三，賁如，濡如，永貞吉。〈象〉曰：永貞之吉，終莫之陵也。

請占之事：

【現況】：九三，所謀之事預估正確。如果所謀之事已在具體進行中，當前的客觀環境對你看似有利，實而無益。

【將來】：（平）「永貞吉」，外緣不如預期，助力有限。維持目前的情況比較有利，至少不會造成損失。

【建議】：如果是投資事業或必須根本上改變現況等風險高的事情，請暫且擱置，以避免損失持續擴大。可延至時序「白露／秋分」再行占卜；或有再次觸動轉變的契機，意猶

未決時進行占卜。

374 六四，賁如，皤如，白馬翰如；匪寇婚媾。〈象〉
曰：六四，當位疑也；「匪寇婚媾」，終无尤也。

請占之事：

【現況】：六四，所疑之事預估正確。如果所疑之事已在具
體進行中，當前的客觀環境對你看似有利，實而無益。

【將來】：（吉）「白馬翰如」，有意外的外緣主動相助，
可以獲得實質的利益。

【建議】：雖然可以從中獲益，仍不宜投資本業以外之事業
或必須根本上改變現況等風險高的事情。

375 六五，賁于丘園，束帛戔戔；吝，終吉。〈象〉曰：
六五之吉，有喜也。

請占之事：

【現況】：六五，所疑之事預估偏失。如果所疑之事已在具
體進行中，當前的客觀環境對你助力有實質利益。

【將來】：（吉）「終吉」，有意外的外緣主動相助，可以
獲得實質的利益。

【建議】：雖然可以從中獲益，仍不宜投資本業以外之事業
或必須根本上改變現況等風險高的事情。

376 上九，白賁，无咎。〈象〉曰：「白賁无咎」，上得
志也。

請占之事：

【現況】：上九，所謀之事預估偏失。如果所謀之事已在具體進行中，當前的客觀環境對你不如預期，助力有限。

【將來】：（吉）「白賁，无咎」，保守評估，量力而為，投入現有的資源，爭取有能力、有條件的人事物支持。

【建議】：得天之時，得人之助。保守評估，量力而為，可從事投資事業或根本上改變現況等風險高的事情。

≣≣ 離下，坤上。地火 明夷（38）

381 初九，明夷于飛，垂其翼；君子于行，三日不食。有攸往，主人有言。〈象〉曰：「君子于行」，義不食也。

請占之事：

【現況】：初九，所謀之事預估正確。如果所謀之事已在具體進行中，當前的客觀環境對你不如預期，助力有限。

【將來】：（平）「君子于行，三日不食」，維持目前的情況比較有利，至少不會造成損失。

【警告】：「有攸往，主人有言」，如果貿然投入資源想要獲取更大的利益，會慘遭挫敗。

【建議】：如果是投資事業或必須根本上改變現況等風險高的事情，請暫且擱置，以避免損失持續擴大。可延至時序「寒露／霜降」再行占卜；或有再次觸動轉變的契機，意猶未決時進行占卜。

382 六二，明夷；夷于左股，用拯馬壯，吉。〈象〉曰：六二之吉，順以則也。

請占之事：

【現況】：六二，所疑之事預估正確。如果所疑之事已在具體進行中，當前的客觀環境對你有所牽制，停滯不前。

【將來】：（吉）「用拯馬壯吉」，有外緣相助，可以獲得實質的利益。

【建議】：雖然可以從中獲益，仍以保守評估為要，不可過度樂觀。不宜投資本業以外之事業或必須根本上改變現況等風險高的事情。

383 九三，明夷于南狩，得其大首；不可疾，貞。〈象〉曰：南狩之志，乃大得也。

請占之事：

【現況】：九三，所謀之事預估正確。如果所謀之事已在具體進行中，當前的客觀環境對你看似有利，實而無益。

【將來】：（平）「明夷于南狩，得其大首」，雖然後勢看好，還是會有變數。維持目前的情況比較有利，至少不會造成損失。

【警告】：「不可疾，貞」，自我克制，不要受到外在人事物誘惑。如果貿然投入資源想要獲取更大的利益，會慘遭挫敗。

【建議】：如果是投資事業或必須根本上改變現況等風險高的事情，請暫且擱置，以避免損失持續擴大。可延至時序「寒露／霜降」再行占卜；或有再次觸動轉變的契機，意猶未決時進行占卜。

384 六四，入于左腹，獲明夷之心，于出門庭。〈象〉曰：「入于左腹」，獲心意也。

請占之事：

【現況】：六四，所疑之事預估正確。如果所疑之事已在具體進行中，當前的客觀環境對你看似有利，實而無益。

【將來】：（吉）「于出門庭」，爭取有能力、有條件的人事物支持，投入既有的資源重新出發。可以考慮另起爐灶。

【建議】：得人之助，得地之宜。保守評估，量力而為、以退為進的原則，可從事投資事業或根本上改變現況等風險高的事情。

385 六五，箕子之明夷，利貞。〈象〉曰：箕子之貞，明不可息也。

請占之事：

【現況】：六五，所疑之事預估偏失。如果所疑之事已在具體進行中，當前的客觀環境對你冷漠無感，沒有助益。

【將來】：（平）「利貞」，自我克制，不要受到外在人事物誘惑。維持目前的情況比較有利，至少不會造成損失。

【建議】：如果是投資事業或必須根本上改變現況等風險高的事情，請暫且擱置，以避免損失持續擴大。可延至時序「寒露／霜降」再行占卜；或有再次觸動轉變的契機，意猶未決時進行占卜。

386 上六，不明晦；初登于天，後入于地。〈象〉曰：「初登于天」，照四國也；「後入于地」，失則也。

請占之事：

【現況】：上六，所疑之事預估正確。如果所疑之事已在具體進行中，當前的客觀環境對你冷漠無感，沒有助益。

【將來】：（平）「初登于天」，維持目前的情況比較有利，至少不會造成損失。

【警告】：「後入于地」，如果貿然投入資源想要獲取更大的利益，會慘遭挫敗。

【建議】：如果是投資事業或必須根本上改變現況等風險高的事情，請暫且擱置，以避免損失持續擴大。可延至時序「寒露／霜降」再行占卜；或有再次觸動轉變的契機，意猶未決時進行占卜。

震下，乾上。天雷 无妄（41）

411 初九，无妄，往吉。〈象〉曰，无妄之往，得志也。

請占之事：

【現況】：初九，所謀之事預估正確。如果所謀之事已在具體進行中，當前的客觀環境對你不如預期，助力有限。

【將來】：（吉）「往吉」，保守評估，量力而為，投入現有的資源，爭取有能力、有條件的人事物支持。

【建議】：得地之宜，得人之助。保守評估，量力而為，可從事投資事業或根本上改變現況等風險高的事情。

412 六二，不耕穫，不菑畬，則利有攸往。〈象〉曰：「不耕穫」，未富也。

請占之事：

【現況】：六二，所疑之事預估正確。如果所疑之事已在具體進行中，當前的客觀環境對你有所牽制，停滯不前。

【將來】：（吉）「則利有攸往」，有外緣相助，可以獲得實質的利益。

【建議】：得地之宜，得人之助。雖然可以從中獲益，仍以保守評估為要，不可過度樂觀。不宜投資本業以外之事業或必須根本上改變現況等風險高的事情。

413 六三，无妄之災，或繫之牛，行人之得，邑人之災。〈象〉曰：行人得牛，邑人災也。

請占之事：

【現況】：六三，所疑之事預估偏失。如果所疑之事已在具體進行中，當前的客觀環境對你看似有利，實而無益。

【將來】：（凶）「邑人之災」，會有意外造成損失。

【建議】：如果是投資事業或必須根本上改變現況等風險高的事情，請暫且擱置，以避免損失持續擴大。可延至時序「寒露／霜降」再行占卜；或有再次觸動轉變的契機，意猶未決時進行占卜。

414 九四，可貞，无咎。〈象〉曰：「可貞无咎」，固有之也。

請占之事：

【現況】：九四，所謀之事預估偏失。如果所謀之事已在具體進行中，當前的客觀環境對你看似有利，實而無益。

【將來】：（平）「可貞无咎」，維持目前的情況比較有利，至少不會造成損失。

【建議】：如果是投資事業或必須根本上改變現況等風險高的事情，請暫且擱置，以避免損失持續擴大。可延至時序「寒露／霜降」再行占卜；或有再次觸動轉變的契機，意猶未決時進行占卜。

---

415 九五，无妄之疾，勿藥有喜。〈象〉曰：无妄之藥，不可試也。

請占之事：

【現況】：九五，所謀之事預估正確。如果所謀之事已在具體進行中，當前的客觀環境對你有阻礙、異議、紛爭，沒有助益。

【將來】：（平）「勿要有喜」，維持目前的情況比較有利，至少不會造成損失。

【警告】：「无妄之疾」，如果貿然投入資源想要獲取更大的利益，會慘遭挫敗。

【建議】：如果是投資事業或必須根本上改變現況等風險高的事情，請暫且擱置，以避免損失持續擴大。可延至時序「寒露／霜降」再行占卜；或有再次觸動轉變的契機，意猶未決時進行占卜。

---

416 上九，无妄，行有眚，无攸利。〈象〉曰：无妄之行，窮之災也。

請占之事：

【現況】：上九，所謀之事預估偏失。如果所謀之事已在具體進行中，當前的客觀環境對你有阻礙、異議、紛爭，沒有助益。

【將來】：（平）處境艱難，與其盲從躁動，不如維持目前的情況控管損害，不至損失持續擴大。

【警告】：「行有眚，无攸利」，如果貿然投入資源想要獲取更大的利益，會慘遭挫敗。

【建議】：如果是投資事業或必須根本上改變現況等風險高的事情，請暫且擱置，以避免損失持續擴大。可延至時序「寒露／霜降」再行占卜；或有再次觸動轉變的契機，意猶未決時進行占卜。

䷐ 震下，兌上。澤雷 隨（42）

421 初九，官有渝，貞吉；出門交有功。〈象〉曰：「官有渝」，從正吉也；「出門交有功」，不失也。

請占之事：

【現況】：初九，所謀之事預估正確。如果所謀之事已在具體進行中，當前的客觀環境對你不如預期，助力有限。

【將來】：（吉）「出門交有功」，保守評估，量力而為，投入現有的資源，爭取有能力、有條件的人事物支持。

【建議】：得地之宜，得人之助。保守評估，量力而為，可從事投資事業或根本上改變現況等風險高的事情。

422 六二，係小子，失丈夫。〈象〉曰：「係小子」，弗

兼與也。

請占之事：

【現況】：六二，所疑之事預估正確。如果所疑之事已在具體進行中，當前的客觀環境對你有所牽制，停滯不前。

【將來】：（平）「失丈夫」，維持目前的情況比較有利，至少不會造成損失。

【警告】：「失丈夫」，如果貿然投入資源想要獲取更大的利益，會慘遭挫敗。

【建議】：如果是投資事業或必須根本上改變現況等風險高的事情，請暫且擱置，以避免損失持續擴大。可延至時序「驚蟄／春分」再行占卜；或有再次觸動轉變的契機，意猶未決時進行占卜。

423 六三，係丈夫，失小子；隨有求得，利居貞。〈象〉曰：「係丈夫」，志舍下也。

請占之事：

【現況】：六三，所疑之事預估偏失。如果所疑之事已在具體進行中，當前的客觀環境對你看似有利，實而無益。

【將來】：（平）「利居貞」，維持目前的情況比較有利，至少不會造成損失。

【警告】：「隨有求得」，注意會有意外的損失。如果貿然投入資源想要獲取更大的利益，會慘遭挫敗。

【建議】：如果是投資事業或必須根本上改變現況等風險高的事情，請暫且擱置，以避免損失持續擴大。可延至時序「驚蟄／春分」再行占卜；或有再次觸動轉變的契機，意猶

未決時進行占卜。

424 九四，隨有獲，貞凶；有孚在道，以明何咎？〈象〉曰：「隨有獲」，其義凶也；「有孚在道」，明功也。

請占之事：

【現況】：九四，所謀之事預估偏失。如果所謀之事已在具體進行中，當前的客觀環境對你看似有利，實而無益。

【將來】：（凶）「有孚在道」，維持目前的情況比較有利，至少不會造成損失。

【警告】：「隨有獲，貞凶」，注意會有意外的損失。如果貿然投入資源想要獲取更大的利益，會慘遭挫敗。

【建議】：如果是投資事業或必須根本上改變現況等風險高的事情，請暫且擱置，以避免損失持續擴大。可延至時序「驚蟄／春分」再行占卜；或有再次觸動轉變的契機，意猶未決時進行占卜。

425 九五，孚于嘉，吉。〈象〉曰：「孚于嘉吉」，位正中也。

請占之事：

【現況】：九五，所謀之事預估正確。如果所謀之事已在具體進行中，當前的客觀環境對你不如預期，助力有限。

【將來】：（平）「孚于嘉吉」，維持目前的情況比較有利，至少不會造成損失。

【建議】：如果是投資事業或必須根本上改變現況等風險高的事情，請暫且擱置，以避免損失持續擴大。可延至時序

「驚蟄／春分」再行占卜；或有再次觸動轉變的契機，意猶未決時進行占卜。

426 上六，拘係之，乃從，維之；王用亨于西山。〈象〉曰：「拘係之」，上窮也。

請占之事：

【現況】：上六，所疑之事預估正確。如果所疑之事已在具體進行中，當前的客觀環境對你有所牽制，停滯不前。

【將來】：（平）「乃從維之」，維持目前的情況比較有利，至少不會造成損失。

【建議】：如果是投資事業或必須根本上改變現況等風險高的事情，請暫且擱置，以避免損失持續擴大。可延至時序「驚蟄／春分」再行占卜；或有再次觸動轉變的契機，意猶未決時進行占卜。

≡ 震下，離上。火雷 噬嗑（43）

431 初九，屨校滅趾，无咎。〈象〉曰：「屨校滅趾」，不行也。

請占之事：

【現況】：初九，所謀之事預估正確。如果所謀之事已在具體進行中，當前的客觀環境對你不如預期，助力有限。

【將來】：（平）「屨校滅趾」，外緣助力不如預期。維持目前的情況比較有利，至少不會造成損失。

【警告】：「不行也」，如果貿然投入資源想要獲取更大的

利益，會慘遭挫敗。

【建議】：如果是投資事業或必須根本上改變現況等風險高的事情，請暫且擱置，以避免損失持續擴大。可延至時序「立冬／小雪」再行占卜；或有再次觸動轉變的契機，意猶未決時進行占卜。

---

432 六二，噬膚，滅鼻，无咎。〈象〉曰：「噬膚滅鼻」，乘剛也。

請占之事：

【現況】：六二，所疑之事預估正確。如果所疑之事已在具體進行中，當前的客觀環境對你有所牽制，停滯不前。

【將來】：（平）「无咎」，維持目前的情況比較有利，至少不會造成損失。

【警告】：「滅鼻」，如果貿然投入資源想要獲取更大的利益，會慘遭挫敗。

【建議】：如果是投資事業或必須根本上改變現況等風險高的事情，請暫且擱置，以避免損失持續擴大。可延至時序「立冬／小雪」再行占卜；或有再次觸動轉變的契機，意猶未決時進行占卜。

---

433 六三，噬腊肉，遇毒；小吝，无咎。〈象〉曰：「遇毒」，位不當也。

請占之事：

【現況】：六三，所疑之事預估偏失。如果所疑之事已在具體進行中，當前的客觀環境對你看似有利，實而無益。

【將來】：（平）「无咎」，維持目前的情況比較有利，至少不會造成損失。

【警告】：「噬腊肉，遇毒」，如果貿然投入資源想要獲取更大的利益，會慘遭挫敗。

【建議】：如果是投資事業或必須根本上改變現況等風險高的事情，請暫且擱置，以避免損失持續擴大。可延至時序「立冬／小雪」再行占卜；或有再次觸動轉變的契機，意猶未決時進行占卜。

434 九四，噬乾胏，得金矢。利艱貞，吉。〈象〉曰：「利艱貞吉」，未光也。

請占之事：

【現況】：九四，所謀之事預估偏失。如果所謀之事已在具體進行中，當前的客觀環境對你看似有利，實而無益。

【將來】：（平）「利艱貞，吉」，處境艱難，與其盲從躁動，不如維持目前的情況控管損害，不至損失持續擴大。

【警告】：「得金矢」，如果貿然投入資源想要獲取更大的利益，會慘遭挫敗。

【建議】：如果是投資事業或必須根本上改變現況等風險高的事情，請暫且擱置，以避免損失持續擴大。可延至時序「立冬／小雪」再行占卜；或有再次觸動轉變的契機，意猶未決時進行占卜。

435 六五，噬乾肉，得黃金；貞厲，无咎。〈象〉曰：「貞厲无咎」，得當也。

請占之事：

【現況】：六五，所疑之事預估偏失。如果所疑之事已在具體進行中，當前的客觀環境對你助力有實質利益。

【將來】：（凶）「貞厲无咎」，處境艱難，與其盲從躁動，不如維持目前的情況控管損害，不至損失持續擴大。

【警告】：「得黃金」，如果貿然投入資源想要獲取更大的利益，會慘遭挫敗。

【建議】：如果是投資事業或必須根本上改變現況等風險高的事情，請暫且擱置，以避免損失持續擴大。可延至時序「立冬／小雪」再行占卜；或有再次觸動轉變的契機，意猶未決時進行占卜。

436 上九，何校滅耳，凶。〈象〉曰：「何校滅耳」，聰不明也。

請占之事：

【現況】：上九，所謀之事預估偏失。如果所謀之事已在具體進行中，當前的客觀環境對你不如預期，助力有限。

【將來】：（凶）「何校滅耳」，外緣助力不如預期。維持目前的情況比較有利，至少不會造成損失。

【警告】：「凶」，如果貿然投入資源想要獲取更大的利益，會慘遭挫敗。

【建議】：如果是投資事業或必須根本上改變現況等風險高的事情，請暫且擱置，以避免損失持續擴大。可延至時序「立冬／小雪」再行占卜；或有再次觸動轉變的契機，意猶未決時進行占卜。

震下，震上。震　為雷（44）

441 初九，震來虩虩，後笑言啞啞，吉。〈象〉曰：「震來虩虩」，恐致福也；「笑言啞啞」，後有則也。

請占之事：

【現況】：初九，所謀之事預估正確。如果所謀之事已在具體進行中，當前的客觀環境對你不如預期，助力有限。

【將來】：（吉）「後笑言啞啞，吉」，保守評估，量力而為，投入現有資源，爭取有能力、有條件的人事物支持。

【警告】：「震來虩虩」，承受外來的壓力，不要盲從躁動。

【建議】：得地之宜，得人之助。保守評估，量力而為，可從事投資事業或根本上改變現況等風險高的事情。

442 六二，震來，厲；億喪貝，躋于九陵，勿逐，七日得。〈象〉曰：「震來厲」，乘剛也。

請占之事：

【現況】：六二，所疑之事預估正確。如果所疑之事已在具體進行中，當前的客觀環境對你有所牽制，停滯不前。

【將來】：（平）「七日得」，維持目前的情況比較有利，至少不會造成損失。

【警告】：「震來厲，勿逐」，承受外來的壓力，不要盲從躁動。如果貿然投入資源想要獲取更大的利益，會慘遭挫敗。

【建議】：如果是投資事業或必須根本上改變現況等風險高的事情，請暫且擱置，以避免損失持續擴大。可延至時序「驚蟄／春分」再行占卜；或有再次觸動轉變的契機，意猶未決時進行占卜。

---

443 六三，震蘇蘇，震行无眚。〈象〉曰：「震蘇蘇」，位不當也。

請占之事：

【現況】：六三，所疑之事預估偏失。如果所疑之事已在具體進行中，當前的客觀環境對你看似有利，實而無益。

【將來】：（平）「震蘇蘇」，會有意外造成損失。

【建議】：如果是投資事業或必須根本上改變現況等風險高的事情，請暫且擱置，以避免損失持續擴大。可延至時序「驚蟄／春分」再行占卜；或有再次觸動轉變的契機，意猶未決時進行占卜。

---

444 九四，震遂泥。〈象〉曰：「震遂泥」，未光也。

請占之事：

【現況】：九四，所謀之事預估偏失。如果所謀之事已在具體進行中，當前的客觀環境對你看似有利，實而無益。

【將來】：（平）「未光也」，外緣助力不如預期。維持目前的情況比較有利，至少不會造成損失。

【警告】：「震遂泥」，如果貿然投入資源想要獲取更大的利益，會慘遭挫敗。

【建議】：如果是投資事業或必須根本上改變現況等風險高

的事情，請暫且擱置，以避免損失持續擴大。可延至時序
「驚蟄／春分」再行占卜；或有再次觸動轉變的契機，意猶
未決時進行占卜。

445 六五，震往來，厲；億无喪，有事。〈象〉曰：「震
往來厲」，危行也；其事在中，大无喪也。

請占之事：

【現況】：六五，所疑之事預估偏失。如果所疑之事已在具
體進行中，當前的客觀環境對你冷漠無感，沒有助益。

【將來】：（平）「億无喪，有事」，外在環境有所牽制，
停滯不前。維持目前的情況比較有利，至少不會造成損失。

【警告】：「震往來，厲」，如果貿然投入資源想要獲取更
大的利益，會慘遭挫敗。

【建議】：如果是投資事業或必須根本上改變現況等風險高
的事情，請暫且擱置，以避免損失持續擴大。可延至時序
「驚蟄／春分」再行占卜；或有再次觸動轉變的契機，意猶
未決時進行占卜。

446 上六，震索索，視矍矍，征凶；震不于其躬，于其
鄰，无咎；婚媾有言。〈象〉曰：「震索索」，中未得也；
雖凶无咎，畏鄰戒也。

請占之事：

【現況】：上六，所疑之事預估正確。如果所疑之事已在具
體進行中，當前的客觀環境對你冷漠無感，沒有助益。

【將來】：（平）「震不于其躬，于其鄰，无咎」，維持目

前的情況比較有利，至少不會造成損失。

【警告】：「震索索，視矍矍，征凶」，如果貿然投入資源想要獲取更大的利益，會慘遭挫敗。

【建議】：如果是投資事業或必須根本上改變現況等風險高的事情，請暫且擱置，以避免損失持續擴大。可延至時序「驚蟄／春分」再行占卜；或有再次觸動轉變的契機，意猶未決時進行占卜。

震下，巽上。風雷 益（45）

451 初九，利用為大作，元吉，无咎。〈象〉曰：「元吉无咎」，下不厚事也。

請占之事：

【現況】：初九，所謀之事預估正確。如果所謀之事已在具體進行中，當前的客觀環境對你不如預期，助力有限。

【將來】：（吉）「利用為大作」，掌握時機，投入現有的資源，獲取更大的利益。爭取有能力、有條件的人事物支持，發揮群策群力的力量，共圖事業。

【建議】：得地之宜，得人之助。可從事投資事業或根本上改變現況等風險高的事情。

452 六二，或益之十朋之龜，弗克違，永貞吉；王用享于帝，吉。〈象〉曰：「或益之」，自外來也。

請占之事：

【現況】：六二，所疑之事預估正確。如果所疑之事已在具

體進行中，當前的客觀環境對你有所牽制，停滯不前。

【將來】：（吉）「永貞吉」，有意外的外緣主動相助，可以獲得實質的利益。

【建議】：雖然可以從中獲益，仍不宜投資本業以外之事業或必須根本上改變現況等風險高的事情。

---

453 六三，益之用凶事，无咎；有孚中行，告公用圭。〈象〉曰：「益用凶事」，固有之也。

請占之事：

【現況】：六三，所疑之事預估偏失。如果所疑之事已在具體進行中，當前的客觀環境對你冷漠無感，沒有助益。

【將來】：（平）「有孚中行」，維持目前的情況比較有利，至少不會造成損失。

【警告】：「益之用凶事」，如果貿然投入資源想要獲取更大的利益，會慘遭挫敗。

【建議】：如果是投資事業或必須根本上改變現況等風險高的事情，請暫且擱置，以避免損失持續擴大。可延至時序「立春／雨水」再行占卜；或有再次觸動轉變的契機，意猶未決時進行占卜。

---

454 六四，中行告公從，利用為依遷國。〈象〉曰：「告公從」，以益志也。

請占之事：

【現況】：六四，所疑之事預估正確。如果所疑之事已在具體進行中，當前的客觀環境對你冷漠無感，沒有助益。

【將來】：（吉）「利用為依遷國」，有外緣相助，可以獲得實質的利益。

【建議】：雖然可以從中獲益，仍以保守評估為要，不可過度樂觀。不宜投資本業以外之事業或必須根本上改變現況等風險高的事情。

455 九五，有孚惠心，勿問元吉；有孚惠我德。〈象〉曰：「有孚惠心」，勿問之矣；「惠我德」，大得志也。

請占之事：

【現況】：九五，所謀之事預估正確。如果所謀之事已在具體進行中，當前的客觀環境對你有阻礙、異議、紛爭，沒有助益。

【將來】：（吉）「勿問元吉」，投入現有的資源，爭取有能力、有條件的人事物支持，獲取更大的利益。

【建議】：得天之時，得人之助，得地之宜。可從事投資事業或根本上改變現況等風險高的事情。

456 上九，莫益之，或擊之；立心勿恆，凶。〈象〉曰：「莫益之」，偏辭也；「或擊之」，自外來也。

請占之事：

【現況】：上九，所謀之事預估偏失。如果所謀之事已在具體進行中，當前的客觀環境對你有阻礙、異議、紛爭，沒有助益。

【將來】：（吉）投入現有的資源，獲取更大的利益。化解歧見，建立共識，爭取有能力、有條件的人事物支持，發揮

群策群力的力量，共圖事業。優勢在我方，順勢而為。

【警告】：「立心勿恆，凶」，如果安於現狀，被動等待，損失會持續擴大。

【建議】：得天之時，得人之助，得地之宜。可從事投資事業或根本上改變現況等風險高的事情。

震下，坎上。水雷 屯（46）

461 初九，磐桓，利居貞，利建侯。〈象〉曰：雖磐桓，志行正也；以貴下賤，大得民也。

請占之事：

【現況】：初九，所謀之事預估正確。如果所謀之事已在具體進行中，當前的客觀環境對你不如預期，助力有限。

【將來】：（平）「利居貞」，維持目前的情況比較有利，至少不會造成損失。

【警告】：「利建侯」，雖然後勢看好，還是會有變數。如果此時貿然投入資源想要獲取更大的利益，會慘遭挫敗。

【建議】：如果是投資事業或必須根本上改變現況等風險高的事情，請暫且擱置，以避免損失持續擴大。可延至時序「小寒/大寒」再行占卜；或有再次觸動轉變的契機，意猶未決時進行占卜。

462 六二，屯如，邅如。乘馬班如，匪寇婚媾；女子貞不字，十年乃字。〈象〉曰：六二之難，乘剛也；「十年乃字」，反常也。

請占之事：

【現況】：六二，所疑之事預估正確。如果所疑之事已在具體進行中，當前的客觀環境對你有所牽制，停滯不前。

【將來】：（平）「屯如，邅如」，有所顧慮，沒有把握。維持目前的情況比較有利，至少不會造成損失。

【警告】：「乘馬班如，匪寇婚媾」，光想將來的美好，忽略現實的問題。如果貿然投入資源想要獲取更大的利益，會慘遭挫敗。

【建議】：如果是投資事業或必須根本上改變現況等風險高的事情，請暫且擱置，以避免損失持續擴大。可延至時序「小寒／大寒」再行占卜；或有再次觸動轉變的契機，意猶未決時進行占卜。

463 六三，即鹿无虞，惟入于林中；君子幾不如舍，往吝。〈象〉曰：「即鹿无虞」，以從禽也；君子舍之，往吝窮也。

請占之事：

【現況】：六三，所疑之事預估偏失。如果所疑之事已在具體進行中，當前的客觀環境對你冷漠無感，沒有助益。

【將來】：（平）「即鹿无虞」，維持目前的情況比較有利，至少不會造成損失。

【警告】：「往吝」，如果貿然投入資源想要獲取更大的利益，會慘遭挫敗。

【建議】：如果是投資事業或必須根本上改變現況等風險高的事情，請暫且擱置，以避免損失持續擴大。可延至時序

「小寒／大寒」再行占卜；或有再次觸動轉變的契機，意猶未決時進行占卜。

464 六四，乘馬班如，求婚媾；往吉，无不利。〈象〉曰：求而往，明也。

請占之事：

【現況】：六四，所疑之事預估正確。如果所疑之事已在具體進行中，當前的客觀環境對你冷漠無感，沒有助益。

【將來】：（吉）「往吉，无不利」，保守評估，量力而為，投入現有的資源，爭取有能力、有條件的人事物支持。

【警告】：「乘馬班如，求婚媾」，看似美好的規劃，卻是不實在又高風險。如果貿然投入資源想要獲取更大的利益，會慘遭挫敗。

【建議】：得天之時，得人之助。保守評估，量力而為，可從事投資事業或根本上改變現況等風險高的事情。

465 九五，屯其膏。小，貞吉；大，貞凶。〈象〉曰：「屯其膏」，施未光也。

請占之事：

【現況】：九五，所謀之事預估正確。如果所謀之事已在具體進行中，當前的客觀環境對你不如預期，助力有限。

【將來】：（平）「小，貞吉」，維持目前的情況比較有利，至少不會造成損失。

【警告】：「大，貞凶」，如果貿然投入資源想要獲取更大的利益，會慘遭挫敗。

【建議】：如果是投資事業或必須根本上改變現況等風險高的事情，請暫且擱置，以避免損失持續擴大。可延至時序「小寒／大寒」再行占卜；或有再次觸動轉變的契機，意猶未決時進行占卜。

466 上六，乘馬班如，泣血漣如。〈象〉曰：「泣血漣如」，何可長也？

請占之事：

【現況】：上六，所疑之事預估正確。如果所疑之事已在具體進行中，當前的客觀環境對你有所牽制，停滯不前。

【將來】：（平）維持目前的情況比較有利，至少不會造成損失。

【警告】：「乘馬班如，泣血漣如」，如果貿然投入資源想要獲取更大的利益，會慘遭挫敗。

【建議】：如果是投資事業或必須根本上改變現況等風險高的事情，請暫且擱置，以避免損失持續擴大。可延至時序「小寒／大寒」再行占卜；或有再次觸動轉變的契機，意猶未決時進行占卜。

震下，艮上。山雷　頤（47）

471 初九，舍爾靈龜；觀我朵頤，凶。〈象〉曰：「觀我朵頤」，亦不足貴也。

請占之事：

【現況】：初九，所謀之事預估正確。如果所謀之事已在具

體進行中，當前的客觀環境對你不如預期，助力有限。

【將來】：（凶）「舍爾靈龜」，維持目前的情況比較有利，至少不會造成損失。

【警告】：「觀我朵頤，凶」，承受外來的壓力，不要盲從躁動。如果貿然投入資源想要獲取更大的利益，會慘遭挫敗。

【建議】：如果是投資事業或必須根本上改變現況等風險高的事情，請暫且擱置，以避免損失持續擴大。可延至時序「大雪／冬至」再行占卜；或有再次觸動轉變的契機，意猶未決時進行占卜。

---

472 六二，顛頤，拂經；于丘頤，征凶。〈象〉曰：六二征凶，行失類也。

請占之事：

【現況】：六二，所疑之事預估正確。如果所疑之事已在具體進行中，當前的客觀環境對你有所牽制，停滯不前。

【將來】：（吉）「顛頤」、「于丘頤」，有意外的外緣主動相助，可以獲得實質的利益。

【警告】：「征凶」，如果貿然投入資源想要獲取更大的利益，會慘遭挫敗。

【建議】：雖然可以從中獲益，仍不宜投資本業以外之事業或必須根本上改變現況等風險高的事情。

---

473 六三，拂頤，貞凶，十年勿用，无攸利。〈象〉曰：「十年勿用」，道大悖也。

請占之事：

【現況】：六三，所疑之事預估偏失。如果所疑之事已在具體進行中，當前的客觀環境對你冷漠無感，沒有助益。

【將來】：（凶）「貞凶」，維持目前的情況比較有利，至少不會造成損失。

【警告】：「十年勿用，无攸利」，如果貿然投入資源想要獲取更大的利益，會慘遭挫敗。

【建議】：如果是投資事業或必須根本上改變現況等風險高的事情，請暫且擱置，以避免損失持續擴大。可延至時序「大雪／冬至」再行占卜；或有再次觸動轉變的契機，意猶未決時進行占卜。

474 六四，顛頤，吉；虎視眈眈，其欲逐逐，无咎。〈象〉曰：顛頤之吉，上施光也。

請占之事：

【現況】：六四，所疑之事預估正確。如果所疑之事已在具體進行中，當前的客觀環境對你冷漠無感，沒有助益。

【將來】：（吉）「上施光也」，有意外的外緣主動相助，可以獲得實質的利益。

【建議】：雖然可以從中獲益，仍不宜投資本業以外之事業或必須根本上改變現況等風險高的事情。

475 六五，拂經；居貞吉，不可涉大川。〈象〉曰：居貞之吉，順以從上也。

請占之事：

【現況】：六五，所疑之事預估偏失。如果所疑之事已在具體進行中，當前的客觀環境對你助力有實質利益。

【將來】：（吉）「居貞吉」，有意外的外緣主動相助，可以獲得實質的利益。

【警告】：「不可涉大川」，如果貿然投入資源想要獲取更大的利益，會慘遭挫敗。

【建議】：雖然可以從中獲益，仍不宜投資本業以外之事業或必須根本上改變現況等風險高的事情。

---

476 上九，由頤；厲吉，利涉大川。〈象〉曰：「由頤厲吉」，大有慶也。

請占之事：

【現況】：上九，所謀之事預估偏失。如果所謀之事已在具體進行中，當前的客觀環境對你不如預期，助力有限。

【將來】：（吉）「利涉大川」，投入現有的資源，爭取有能力、有條件的人事物支持，獲取更大的利益。

【建議】：得天之時，得人之助，得地之宜。可從事投資事業或根本上改變現況等風險高的事情。

☷☳ 震下，坤上。地雷 復（48）

481 初九，不遠復，无祗悔，元吉。〈象〉曰：不遠之復，以修身也。

請占之事：

【現況】：初九，所謀之事預估正確。如果所謀之事已在具

體進行中，當前的客觀環境對你不如預期，助力有限。

【將來】：（平）「不遠復」、「元吉」，外緣助力不如預期。維持目前的情況比較有利，至少不會造成損失。

【建議】：如果是投資事業或必須根本上改變現況等風險高的事情，請暫且擱置，以避免損失持續擴大。可延至時序「大雪／冬至」再行占卜；或有再次觸動轉變的契機，意猶未決時進行占卜。

482 六二，休復，吉。〈象〉曰：休復之吉，以下仁也。

請占之事：

【現況】：六二，所疑之事預估正確。如果所疑之事已在具體進行中，當前的客觀環境對你有所牽制，停滯不前。

【將來】：（平）「休復，吉」，維持目前的情況比較有利，至少不會造成損失。

【建議】：如果是投資事業或必須根本上改變現況等風險高的事情，請暫且擱置，以避免損失持續擴大。可延至時序「大雪／冬至」再行占卜；或有再次觸動轉變的契機，意猶未決時進行占卜。

483 六三，頻復，厲无咎。〈象〉曰：頻復之厲，義无咎也。

請占之事：

【現況】：六三，所疑之事預估偏失。如果所疑之事已在具體進行中，當前的客觀環境對你冷漠無感，沒有助益。

【將來】：（平）「頻復」，維持目前的情況比較有利，至

少不會造成損失。

【警告】：「厲」，如果貿然投入資源想要獲取更大的利益，會慘遭挫敗。

【建議】：如果是投資事業或必須根本上改變現況等風險高的事情，請暫且擱置，以避免損失持續擴大。可延至時序「大雪／冬至」再行占卜；或有再次觸動轉變的契機，意猶未決時進行占卜。

484 六四，中行獨復。〈象〉曰：「中行獨復」，以從道也。

請占之事：

【現況】：六四，所疑之事預估正確。如果所疑之事已在具體進行中，當前的客觀環境對你冷漠無感，沒有助益。

【將來】：（平）「中行獨復」，維持目前的情況比較有利，至少不會造成損失。

【建議】：如果是投資事業或必須根本上改變現況等風險高的事情，請暫且擱置，以避免損失持續擴大。可延至時序「大雪／冬至」再行占卜；或有再次觸動轉變的契機，意猶未決時進行占卜。

485 六五，敦復，无悔。〈象〉曰：「敦復无悔」，中以自考也。

請占之事：

【現況】：六五，所疑之事預估偏失。如果所疑之事已在具體進行中，當前的客觀環境對你冷漠無感，沒有助益。

【將來】：（平）「敦復无悔」，維持目前的情況比較有利，至少不會造成損失。

【建議】：如果是投資事業或必須根本上改變現況等風險高的事情，請暫且擱置，以避免損失持續擴大。可延至時序「大雪／冬至」再行占卜；或有再次觸動轉變的契機，意猶未決時進行占卜。

486 上六，迷復，凶，有災眚。用行師，終有大敗；以其國，君凶，至于十年不克征。〈象〉曰：迷復之凶，反君道也。

請占之事：

【現況】：上六，所謀／疑之事預估正確。如果所疑之事已在具體進行中，當前的客觀環境對你冷漠無感，沒有助益。

【將來】：（凶）「迷復，凶，有災眚」，處境艱難，與其盲從躁動，不如維持目前的情況控管損害，不至損失持續擴大。

【警告】：「用行師，終有大敗」，自我克制，不要受到外在人事物誘惑。如果貿然投入資源想要獲取更大的利益，會慘遭挫敗。

【建議】：如果是投資事業或必須根本上改變現況等風險高的事情，請暫且擱置，以避免損失持續擴大。可延至時序「大雪／冬至」再行占卜；或有再次觸動轉變的契機，意猶未決時進行占卜。

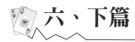六、下篇

䷫ 巽下，乾上。天風　姤（51）

511 初六，繫于金柅，貞吉；有攸往見凶，羸豕孚蹢躅。
〈象〉曰：「繫于金柅」，柔道牽也。

請占之事：

【現況】：初六，所疑之事預估偏失。如果所疑之事已在具體進行中，當前的客觀環境對你助力有實質利益。

【將來】：（平）「繫于金柅，貞吉」，維持目前的情況比較有利，至少不會造成損失。

【警告】：「有攸往見凶」，如果貿然投入資源想要獲取更大的利益，會慘遭挫敗。

【建議】：如果是投資事業或必須根本上改變現況等風險高的事情，請暫且擱置，以避免損失持續擴大。可延至時序「芒種／夏至」再行占卜；或有再次觸動轉變的契機，意猶未決時進行占卜。

512 九二，包有魚，无咎；不利賓。〈象〉曰：「包有魚」，義不及賓也。

請占之事：

【現況】：九二，所謀之事預估偏失。如果所謀之事已在具體進行中，當前的客觀環境對你不如預期，助力有限。

【將來】：（平）維持目前的情況比較有利，至少不會造成

損失。

【警告】：「不利賓」，如果貿然投入資源想要獲取更大的利益，會慘遭挫敗。

【建議】：如果是投資事業或必須根本上改變現況等風險高的事情，請暫且擱置，以避免損失持續擴大。可延至時序「芒種／夏至」再行占卜；或有再次觸動轉變的契機，意猶未決時進行占卜。

513 九三，臀无膚，其行次且；厲，无大咎。〈象〉曰：「其行次且」，行未牽也。

請占之事：

【現況】：九三，所謀之事預估正確。如果所謀之事已在具體進行中，當前的客觀環境對你有阻礙、異議、紛爭，沒有助益。

【將來】：（凶）「厲，无大咎」，處境艱難，與其盲從躁動，不如維持目前的情況控管損害，不至損失持續擴大。

【建議】：如果是投資事業或必須根本上改變現況等風險高的事情，請暫且擱置，以避免損失持續擴大。可延至時序「芒種／夏至」再行占卜；或有再次觸動轉變的契機，意猶未決時進行占卜。

514 九四，包无魚，起凶。〈象〉曰：无魚之凶，遠民也。

請占之事：

【現況】：九四，所謀之事預估偏失。如果所謀之事已在具

體進行中，當前的客觀環境對你有阻礙、異議、紛爭，沒有助益。

【將來】：（凶）「包无魚，起凶」，處境艱難，與其盲從躁動，不如維持目前的情況控管損害，不至損失持續擴大。

【建議】：如果是投資事業或必須根本上改變現況等風險高的事情，請暫且擱置，以避免損失持續擴大。可延至時序「芒種／夏至」再行占卜；或有再次觸動轉變的契機，意猶未決時進行占卜。

515 九五，以杞包瓜；含章，有隕自天。〈象〉曰：九五含章，中正也；「有隕自天」，志不舍命也。

請占之事：

【現況】：九五，所謀之事預估正確。如果所謀之事已在具體進行中，當前的客觀環境對你有阻礙、異議、紛爭，沒有助益。

【將來】：（吉）「有隕自天」，投入現有的資源，獲取更大的利益。化解歧見，建立共識，爭取有能力、有條件的人事物支持，發揮群策群力的力量，共圖事業。優勢在我方，順勢而為。

【建議】：得天之時，得人之助，得地之宜。可從事投資事業或根本上改變現況等風險高的事情。

516 上九，姤其角；吝，无咎。〈象〉曰：「姤其角」，上窮吝也。

請占之事：

【現況】：上九，所謀之事預估偏失。如果所謀之事已在具體進行中，當前的客觀環境對你有阻礙、異議、紛爭，沒有助益。

【將來】：（平）「吝，无咎」，處境艱難，與其盲從躁動，不如維持目前的情況控管損害，不至損失持續擴大。

【建議】：如果是投資事業或必須根本上改變現況等風險高的事情，請暫且擱置，以避免損失持續擴大。可延至時序「芒種／夏至」再行占卜；或有再次觸動轉變的契機，意猶未決時進行占卜。

☰ 巽下，兌上。澤風　大過（52）

521 初六，藉用白茅，无咎。〈象〉曰：「藉用白茅」，柔在下也。

請占之事：

【現況】：初六，所疑之事預估偏失。如果所疑之事已在具體進行中，當前的客觀環境對你助力有實質利益。

【將來】：（平）「藉用白茅，无咎」，維持目前的情況比較有利，至少不會造成損失。

【建議】：如果是投資事業或必須根本上改變現況等風險高的事情，請暫且擱置，以避免損失持續擴大。可延至時序「立冬／小雪」再行占卜；或有再次觸動轉變的契機，意猶未決時進行占卜。

522 九二，枯楊生稊，老夫得其女妻；无不利。〈象〉

曰：老夫女妻，過以相與也。

請占之事：

【現況】：九二，所謀之事預估偏失。如果所謀之事已在具體進行中，當前的客觀環境對你不如預期，助力有限。

【將來】：（平）「无不利」，維持目前的情況比較有利，至少不會造成損失。

【建議】：如果是投資事業或必須根本上改變現況等風險高的事情，請暫且擱置，以避免損失持續擴大。可延至時序「立冬／小雪」再行占卜；或有再次觸動轉變的契機，意猶未決時進行占卜。

523 九三，棟橈，凶。〈象〉曰：棟橈之凶，不可以有輔也。

請占之事：

【現況】：九三，所謀之事預估正確。如果所謀之事已在具體進行中，當前的客觀環境對你有阻礙、異議、紛爭，沒有助益。

【將來】：（凶）「不可以有輔也」，維持目前的情況比較有利，至少不會造成損失。

【建議】：如果是投資事業或必須根本上改變現況等風險高的事情，請暫且擱置，以避免損失持續擴大。可延至時序「立冬／小雪」再行占卜；或有再次觸動轉變的契機，意猶未決時進行占卜。

524 九四，棟隆，吉；有它，吝。〈象〉曰：棟隆之吉，

不橈乎下也。

請占之事：

【現況】：九四，所謀之事預估偏失。如果所謀之事已在具體進行中，當前的客觀環境對你有阻礙、異議、紛爭，沒有助益。

【將來】：（平）「吉」，維持目前的情況比較有利，至少不會造成損失。

【警告】：「有它吝」，如果貿然投入資源想要獲取更大的利益，會慘遭挫敗。

【建議】：如果是投資事業或必須根本上改變現況等風險高的事情，請暫且擱置，以避免損失持續擴大。可延至時序「立冬／小雪」再行占卜；或有再次觸動轉變的契機，意猶未決時進行占卜。

525 九五，枯楊生華，老婦得其士夫；无咎无譽。〈象〉曰：「枯楊生華」，何可久也？老婦士夫，亦可醜也。

請占之事：

【現況】：九五，所謀之事預估正確。如果所謀之事已在具體進行中，當前的客觀環境對你不如預期，助力有限。

【將來】：（平）「无咎无譽」，維持目前的情況比較有利，至少不會造成損失。

【建議】：如果是投資事業或必須根本上改變現況等風險高的事情，請暫且擱置，以避免損失持續擴大。可延至時序「立冬／小雪」再行占卜；或有再次觸動轉變的契機，意猶未決時進行占卜。

526 上六，過涉滅頂，凶；无咎。〈象〉曰：過涉之凶，不可咎也。

請占之事：

【現況】：上六，所疑之事預估正確。如果所疑之事已在具體進行中，當前的客觀環境對你有所牽制，停滯不前。

【將來】：（凶）「无咎」，維持目前的情況比較有利，至少不會造成損失。

【警告】：「過涉滅頂，凶」，如果貿然投入資源想要獲取更大的利益，會慘遭挫敗。

【建議】：如果是投資事業或必須根本上改變現況等風險高的事情，請暫且擱置，以避免損失持續擴大。可延至時序「立冬／小雪」再行占卜；或有再次觸動轉變的契機，意猶未決時進行占卜。

巽下，離上。火風　鼎（53）

531 初六，鼎顛趾，利出否；得妾以其子，无咎。〈象〉曰：「鼎顛趾」，未悖也；「利出否」，以從貴也。

請占之事：

【現況】：初六，所疑之事預估偏失。如果所疑之事已在具體進行中，當前的客觀環境對你助力有實質利益。

【將來】：（平）「得妾以其子，无咎」，維持目前的情況比較有利，至少不會造成損失。

【建議】：如果是投資事業或必須根本上改變現況等風險高的事情，請暫且擱置，以避免損失持續擴大。可延至時序

「小暑／大暑」再行占卜；或有再次觸動轉變的契機，意猶未決時進行占卜。

532 九二，鼎有實；我仇有疾，不我能即，吉。〈象〉曰：「鼎有實」，慎所之也；「我仇有疾」，終无尤也。

請占之事：

【現況】：九二，所謀之事預估偏失。如果所謀之事已在具體進行中，當前的客觀環境對你不如預期，助力有限。

【將來】：（平）「鼎有實」，維持目前的情況比較有利，至少不會造成損失。

【警告】：「我仇有疾，不我能即」，不要有積極的作為。如果貿然投入資源想要獲取更大的利益，會慘遭挫敗。

【建議】：如果是投資事業或必須根本上改變現況等風險高的事情，請暫且擱置，以避免損失持續擴大。可延至時序「小暑／大暑」再行占卜；或有再次觸動轉變的契機，意猶未決時進行占卜。

533 九三，鼎耳革，其行塞，雉膏不食；方雨虧悔，終吉。〈象〉曰：「鼎耳革」，失其義也。

請占之事：

【現況】：九三，所謀之事預估正確。如果所謀之事已在具體進行中，當前的客觀環境對你有阻礙、異議、紛爭，沒有助益。

【將來】：（吉）「方雨虧悔，終吉」，保守評估，化解歧見，建立共識，爭取有能力、有條件的人事物支持，投入既

有的資源重新出發。

【警告】：「其行塞」，如果貿然投入資源想要獲取更大的利益，會慘遭挫敗。

【建議】：得人之助，得地之宜。保守評估，量力而為、以退為進的原則，可從事投資事業或根本上改變現況等風險高的事情。

534 九四，鼎折足，覆公餗，其形渥，凶。〈象〉曰：「覆公餗」，信如何也？

請占之事：

【現況】：九四，所謀之事預估偏失。如果所謀之事已在具體進行中，當前的客觀環境對你有阻礙、異議、紛爭，沒有助益。

【將來】：（凶）「鼎折足」，處境艱難，與其盲從躁動，不如維持目前的情況控管損害，不至損失持續擴大。

【警告】：「覆公餗，其形渥，凶」，如果貿然投入資源想要獲取更大的利益，會慘遭挫敗。

【建議】：如果是投資事業或必須根本上改變現況等風險高的事情，請暫且擱置，以避免損失持續擴大。可延至時序「小暑／大暑」再行占卜；或有再次觸動轉變的契機，意猶未決時進行占卜。

535 六五，鼎黃耳金鉉，利貞。〈象〉曰：「鼎黃耳」，中以為實也。

請占之事：

【現況】：六五，所疑之事預估偏失。如果所疑之事已在具體進行中，當前的客觀環境對你助力有實質利益。

【將來】：（平）「利貞」，外在環境有所牽制，停滯不前。維持目前的情況比較有利，至少不會造成損失。

【建議】：如果是投資事業或必須根本上改變現況等風險高的事情，請暫且擱置，以避免損失持續擴大。可延至時序「小暑／大暑」再行占卜；或有再次觸動轉變的契機，意猶未決時進行占卜。

536 上九，鼎玉鉉，大吉，无不利。〈象〉曰：玉鉉在上，剛柔節也。

請占之事：

【現況】：上九，所謀之事預估偏失。如果所謀之事已在具體進行中，當前的客觀環境對你不如預期，助力有限。

【將來】：（平）「大吉，无不利」，維持目前的情況比較有利，至少不會造成損失。

【建議】：如果是投資事業或必須根本上改變現況等風險高的事情，請暫且擱置，以避免損失持續擴大。可延至時序「小暑／大暑」再行占卜；或有再次觸動轉變的契機，意猶未決時進行占卜。

☰ 巽下，震上。雷風 恆（54）

541 初六，浚恆，貞凶，无攸利。〈象〉曰：浚恆之凶，始求深也。

請占之事：

【現況】：初六，所疑之事預估偏失。如果所疑之事已在具體進行中，當前的客觀環境對你助力有實質利益。

【將來】：（平）處境艱難，維持目前的情況比較有利，至少不會造成損失。

【警告】：「浚恆之凶，始求深也」，如果貿然投入資源想要獲取更大的利益，會慘遭挫敗。

【建議】：如果是投資事業或必須根本上改變現況等風險高的事情，請暫且擱置，以避免損失持續擴大。可延至時序「立秋／處暑」再行占卜；或有再次觸動轉變的契機，意猶未決時進行占卜。

542 九二，悔亡。〈象〉曰：九二悔亡，能久中也。

請占之事：

【現況】：九二，所謀之事預估偏失。如果所謀之事已在具體進行中，當前的客觀環境對你不如預期，助力有限。

【將來】：（平）「悔亡」，維持目前的情況比較有利，至少不會造成損失。

【建議】：如果是投資事業或必須根本上改變現況等風險高的事情，請暫且擱置，以避免損失持續擴大。可延至時序「立秋／處暑」再行占卜；或有再次觸動轉變的契機，意猶未決時進行占卜。

543 九三，不恆其德，或承之羞；貞吝。〈象〉曰：「不恆其德」，无所容也。

請占之事：

【現況】：九三，所謀之事預估正確。如果所謀之事已在具體進行中，當前的客觀環境對你有阻礙、異議、紛爭，沒有助益。

【將來】：（平）「貞吝」，維持目前的情況比較有利，至少不會造成損失。

【警告】：「不恆其德」，如果貿然投入資源想要獲取更大的利益，會慘遭挫敗。

【建議】：如果是投資事業或必須根本上改變現況等風險高的事情，請暫且擱置，以避免損失持續擴大。可延至時序「立秋／處暑」再行占卜；或有再次觸動轉變的契機，意猶未決時進行占卜。

544 九四，田无禽。〈象〉曰：久非其位，安得禽也？
請占之事：

【現況】：九四，所謀之事預估偏失。如果所謀之事已在具體進行中，當前的客觀環境對你有阻礙、異議、紛爭，沒有助益。

【將來】：（平）「田无禽」，外緣助力不如預期。維持目前的情況比較有利，至少不會造成損失。

【建議】：如果是投資事業或必須根本上改變現況等風險高的事情，請暫且擱置，以避免損失持續擴大。可延至時序「立秋／處暑」再行占卜；或有再次觸動轉變的契機，意猶未決時進行占卜。

545 六五，恆其德，貞；婦人吉，夫子凶。〈象〉曰：婦
人貞吉，從一而終也；夫子制義，從婦凶也。

請占之事：

【現況】：六五，所疑之事預估偏失。如果所疑之事已在具
體進行中，當前的客觀環境對你冷漠無感，沒有助益。

【將來】：（平）「恆其德，貞」，外在環境有所牽制，停
滯不前。維持目前的情況比較有利，至少不會造成損失。

【建議】：如果是投資事業或必須根本上改變現況等風險高
的事情，請暫且擱置，以避免損失持續擴大。可延至時序
「立秋／處暑」再行占卜；或有再次觸動轉變的契機，意猶
未決時進行占卜。

546 上六，振恆，凶。〈象〉曰：振恆在上，大无功也。

請占之事：

【現況】：上六，所疑之事預估正確。如果所疑之事已在具
體進行中，當前的客觀環境對你冷漠無感，沒有助益。

【將來】：（凶）維持目前的情況比較有利，至少不會造成
損失。

【警告】：「振恆，凶」，如果貿然投入資源想要獲取更大
的利益，會慘遭挫敗。

【建議】：如果是投資事業或必須根本上改變現況等風險高
的事情，請暫且擱置，以避免損失持續擴大。可延至時序
「立秋／處暑」再行占卜；或有再次觸動轉變的契機，意猶
未決時進行占卜。

☴ 巽下，巽上。巽　為風（55）

[551] 初六，進退，利武人之貞。〈象〉曰：「進退」，志疑也；「利武人之貞」，志治也。

請占之事：

【現況】：初六，所疑之事預估偏失。如果所疑之事已在具體進行中，當前的客觀環境對你助力有實質利益。

【將來】：（平）「利武人之貞」，維持目前的情況比較有利，至少不會造成損失。

【警告】：「進退」，自我克制，不要受到外在人事物誘惑。如果貿然投入資源想要獲取更大的利益，會慘遭挫敗

【建議】：如果是投資事業或必須根本上改變現況等風險高的事情，請暫且擱置，以避免損失持續擴大。可延至時序「白露／秋分」再行占卜；或有再次觸動轉變的契機，意猶未決時進行占卜。

[552] 九二，巽在牀下，用史巫紛若吉，无咎。〈象〉曰：紛若之吉，得中也。

請占之事：

【現況】：九二，所謀之事預估偏失。如果所謀之事已在具體進行中，當前的客觀環境對你不如預期，助力有限。

【將來】：（平）「无咎」，維持目前的情況比較有利，至少不會造成損失。

【建議】：如果是投資事業或必須根本上改變現況等風險高

的事情，請暫且擱置，以避免損失持續擴大。可延至時序「白露／秋分」再行占卜；或有再次觸動轉變的契機，意猶未決時進行占卜。

---

553 九三，頻巽，吝。〈象〉曰：頻巽之吝，志窮也。

請占之事：

【現況】：九三，所謀之事預估正確。如果所謀之事已在具體進行中，當前的客觀環境對你看似有利，實而無益。

【將來】：（平）「頻巽」，維持目前的情況比較有利，至少不會造成損失。

【警告】：「吝」，如果貿然投入資源想要獲取更大的利益，會慘遭挫敗。

【建議】：如果是投資事業或必須根本上改變現況等風險高的事情，請暫且擱置，以避免損失持續擴大。可延至時序「白露／秋分」再行占卜；或有再次觸動轉變的契機，意猶未決時進行占卜。

---

554 六四，悔亡，田獲三品。〈象〉曰：「田獲三品」，有功也。

請占之事：

【現況】：六四，所疑之事預估正確。如果所疑之事已在具體進行中，當前的客觀環境對你看似有利，實而無益。

【將來】：（吉）「悔亡，田獲三品」，爭取有能力、有條件的人事物支持，投入既有的資源重新出發。可以考慮另起爐灶。

【建議】：得人之助，得地之宜。保守評估，量力而為、以退為進的原則，可從事投資事業或根本上改變現況等風險高的事情。

555 九五，貞吉，悔亡，无不利；无初有終；先庚三日，後庚三日，吉。〈象〉曰：九五之吉，位正中也。

請占之事：

【現況】：九五，所謀之事預估正確。如果所謀之事已在具體進行中，當前的客觀環境對你有阻礙、異議、紛爭，沒有助益。

【將來】：（平）「无初有終」，外緣助力不如預期。維持目前的情況比較有利，至少不會造成損失。

【建議】：如果是投資事業或必須根本上改變現況等風險高的事情，請暫且擱置，以避免損失持續擴大。可延至時序「白露／秋分」再行占卜；或有再次觸動轉變的契機，意猶未決時進行占卜。

556 上九，巽在牀下，喪其資斧；貞凶。〈象〉曰：「巽在牀下」，上窮也；「喪其資斧」，正乎凶也。

請占之事：

【現況】：上九，所謀之事預估偏失。如果所謀之事已在具體進行中，當前的客觀環境對你有阻礙、異議、紛爭，沒有助益。

【將來】：（平）維持目前的情況比較有利，至少不會造成損失。

【警告】：「巽在牀下，喪其資斧，貞凶」，如果貿然投入資源想要獲取更大的利益，會慘遭挫敗。

【建議】：如果是投資事業或必須根本上改變現況等風險高的事情，請暫且擱置，以避免損失持續擴大。可延至時序「白露／秋分」再行占卜；或有再次觸動轉變的契機，意猶未決時進行占卜。

☲ 巽下，坎上。水風 井（56）

561 初六，井泥不食，舊井无禽。〈象〉曰：「井泥不食」，下也；「舊井无禽」，時舍也。

請占之事：

【現況】：初六，所疑之事預估偏失。如果所疑之事已在具體進行中，當前的客觀環境對你助力有實質利益。

【將來】：（平）「時舍也」，處境艱難，維持目前的情況比較有利，至少不會造成損失。

【建議】：如果是投資事業或必須根本上改變現況等風險高的事情，請暫且擱置，以避免損失持續擴大。可延至時序「芒種／夏至」再行占卜；或有再次觸動轉變的契機，意猶未決時進行占卜。

562 九二，井谷射鮒，甕敝漏。〈象〉曰：「井谷射鮒」，无與也。

請占之事：

【現況】：九二，所謀之事預估偏失。如果所謀之事已在具

體進行中，當前的客觀環境對你不如預期，助力有限。

【將來】：（平）「井谷射鮒」，維持目前的情況比較有利，至少不會造成損失。

【建議】：如果是投資事業或必須根本上改變現況等風險高的事情，請暫且擱置，以避免損失持續擴大。可延至時序「芒種／夏至」再行占卜；或有再次觸動轉變的契機，意猶未決時進行占卜。

563 九三，井渫不食，為我心惻；可用汲，王明並受其福。〈象〉曰：「井渫不食」，行惻也；求王明，受福也。

請占之事：

【現況】：九三，所謀之事預估正確。如果所謀之事已在具體進行中，當前的客觀環境對你看似有利，實而無益。

【將來】：（平）「可用汲」，維持目前的情況比較有利，至少不會造成損失。

【建議】：如果是投資事業或必須根本上改變現況等風險高的事情，請暫且擱置，以避免損失持續擴大。可延至時序「芒種／夏至」再行占卜；或有再次觸動轉變的契機，意猶未決時進行占卜。

564 六四，井甃，无咎。〈象〉曰：「井甃无咎」，脩井也。

請占之事：

【現況】：六四，所疑之事預估正確。如果所疑之事已在具體進行中，當前的客觀環境對你看似有利，實而無益。

【將來】：（吉）「井甃，无咎」，有外緣相助，可以獲得實質的利益。

【建議】：雖然可以從中獲益，仍以保守評估為要，不可過度樂觀。不宜投資本業以外之事業或必須根本上改變現況等風險高的事情。

565 九五，井冽，寒泉食。〈象〉曰：「寒泉之食」，中正也。

請占之事：

【現況】：九五，所謀之事預估正確。如果所謀之事已在具體進行中，當前的客觀環境對你不如預期，助力有限。

【將來】：（平）「寒泉食」，維持目前的情況比較有利，至少不會造成損失。

【建議】：如果是投資事業或必須根本上改變現況等風險高的事情，請暫且擱置，以避免損失持續擴大。可延至時序「芒種／夏至」再行占卜；或有再次觸動轉變的契機，意猶未決時進行占卜。

566 上六，井收，勿幕；有孚，元吉。〈象〉曰：元吉在上，大成也。

請占之事：

【現況】：上六，所疑之事預估正確。如果所謀之事已在具體進行中，當前的客觀環境對你有所牽制，停滯不前。

【將來】：（吉）「有孚，元吉」，保守評估，量力而為，投入現有的資源，爭取有能力、有條件的人事物支持。

【警告】：「勿幕」，如果安於現狀，被動等待，損失會持續擴大。

【建議】：得天之時，得人之助。保守評估，量力而為，可從事投資事業或根本上改變現況等風險高的事情。

≡≡ 巽下，艮上。山風　蠱（57）

571 初六，幹父之蠱，有子考，无咎，厲終吉。〈象〉曰：「幹父之蠱」，意承考也。

請占之事：

【現況】：初六，所疑之事預估偏失。如果所疑之事已在具體進行中，當前的客觀環境對你助力有實質利益。

【將來】：（平）「終吉」，維持目前的情況比較有利，至少不會造成損失。

【警告】：「厲」，自我克制，不要受到外在人事物誘惑。如果貿然投入資源想要獲取更大的利益，會慘遭挫敗。

【建議】：如果是投資事業或必須根本上改變現況等風險高的事情，請暫且擱置，以避免損失持續擴大。可延至時序「清明／穀雨」再行占卜；或有再次觸動轉變的契機，意猶未決時進行占卜。

572 九二，幹母之蠱，不可貞。〈象〉曰：「幹母之蠱」，得中道也。

請占之事：

【現況】：九二，所謀之事預估偏失。如果所謀之事已在具

體進行中，當前的客觀環境對你不如預期，助力有限。

【將來】：（吉）「幹母之蠱」，投入現有的資源，獲取更大的利益。化解歧見，建立共識，爭取有能力、有條件的人事物支持，發揮群策群力的力量，共圖事業。優勢在我方，順勢而為。

【警告】：「不可貞」，如果安於現狀，被動等待，損失會持續擴大。

【建議】：得地之宜，得人之助。可從事投資事業或根本上改變現況等風險高的事情。

573 九三，幹父之蠱，小有悔，无大咎。〈象〉曰：「幹父之蠱」，終无咎也。

請占之事：

【現況】：九三，所謀之事預估正確。如果所謀之事已在具體進行中，當前的客觀環境對你看似有利，實而無益。

【將來】：（平）「終无咎」，維持目前的情況比較有利，至少不會造成損失。

【警告】：「幹父之蠱，小有悔」，如果貿然投入資源想要獲取更大的利益，會慘遭挫敗。

【建議】：如果是投資事業或必須根本上改變現況等風險高的事情，請暫且擱置，以避免損失持續擴大。可延至時序「清明／穀雨」再行占卜；或有再次觸動轉變的契機，意猶未決時進行占卜。

574 六四，裕父之蠱，往見吝。〈象〉曰：「裕父之

蠱」，往未得也。

請占之事：

【現況】：六四，所疑之事預估正確。如果所疑之事已在具體進行中，當前的客觀環境對你看似有利，實而無益。

【將來】：（平）「裕父之蠱」，維持目前的情況比較有利，至少不會造成損失。

【警告】：「往見吝」，如果貿然投入資源想要獲取更大的利益，會慘遭挫敗。

【建議】：如果是投資事業或必須根本上改變現況等風險高的事情，請暫且擱置，以避免損失持續擴大。可延至時序「清明／穀雨」再行占卜；或有再次觸動轉變的契機，意猶未決時進行占卜。

575 六五，幹父之蠱，用譽。〈象〉曰：幹父用譽，承以德也。

請占之事：

【現況】：六五，所疑之事預估偏失。如果所疑之事已在具體進行中，當前的客觀環境對你助力有實質利益。

【將來】：（平）「用譽」，維持目前的情況比較有利，至少不會造成損失。

【建議】：如果是投資事業或必須根本上改變現況等風險高的事情，請暫且擱置，以避免損失持續擴大。可延至時序「清明／穀雨」再行占卜；或有再次觸動轉變的契機，意猶未決時進行占卜。

576 上九，不事王侯，高尚其事。〈象〉曰：「不事王侯」，志可則也。

請占之事：

【現況】：上九，所謀之事預估偏失。如果所謀之事已在具體進行中，當前的客觀環境對你不如預期，助力有限。

【將來】：（平）「不事王侯」，外緣助力不如預期。維持目前的情況比較有利，至少不會造成損失。

【建議】：如果是投資事業或必須根本上改變現況等風險高的事情，請暫且擱置，以避免損失持續擴大。可延至時序「清明／穀雨」再行占卜；或有再次觸動轉變的契機，意猶未決時進行占卜。

巽下，坤上。地風　升（58）

581 初六，允升，大吉。〈象〉曰：「允升大吉」，上合志也。

請占之事：

【現況】：初六，所疑之事預估偏失。如果所疑之事已在具體進行中，當前的客觀環境對你助力有實質利益。

【將來】：（吉）「允升大吉」，爭取有能力、有條件的人事物支持，發揮群策群力的力量，共圖事業。

【建議】：得地之宜，得人之助。可從事投資事業或根本上改變現況等風險高的事情。

582 九二，孚乃利用禴，无咎。〈象〉曰：九二之孚，有

喜也。

請占之事：

【現況】：九二，所謀之事預估偏失。如果所謀之事已在具體進行中，當前的客觀環境對你不如預期，助力有限。

【將來】：（平）「孚乃利用禴，无咎」，維持目前的情況比較有利，至少不會造成損失。

【建議】：如果是投資事業或必須根本上改變現況等風險高的事情，請暫且擱置，以避免損失持續擴大。可延至時序「小寒／大寒」再行占卜；或有再次觸動轉變的契機，意猶未決時進行占卜。

---

583 九三，升虛邑。〈象〉曰：「升虛邑」，无所疑也。

請占之事：

【現況】：九三，所謀之事預估正確。如果所謀之事已在具體進行中，當前的客觀環境對你看似有利，實而無益。

【將來】：（平）「无所疑也」，維持目前的情況比較有利，至少不會造成損失。

【警告】：「升虛邑」，如果貿然投入資源想要獲取更大的利益，會慘遭挫敗。

【建議】：如果是投資事業或必須根本上改變現況等風險高的事情，請暫且擱置，以避免損失持續擴大。可延至時序「小寒／大寒」再行占卜；或有再次觸動轉變的契機，意猶未決時進行占卜。

---

584 六四，王用亨于岐山，吉，无咎。〈象〉曰：「王用

亨于岐山」，順事也。

請占之事：

【現況】：六四，所疑之事預估正確。如果所疑之事已在具體進行中，當前的客觀環境對你看似有利，實而無益。

【將來】：（平）「吉，无咎」，維持目前的情況比較有利，至少不會造成損失。

【建議】：如果是投資事業或必須根本上改變現況等風險高的事情，請暫且擱置，以避免損失持續擴大。可延至時序「小寒／大寒」再行占卜；或有再次觸動轉變的契機，意猶未決時進行占卜。

585 六五，貞吉，升階。〈象〉曰：「貞吉升階」，大得志也。

請占之事：

【現況】：六五，所疑之事預估偏失。如果所疑之事已在具體進行中，當前的客觀環境對你冷漠無感，沒有助益。

【將來】：（平）「貞吉」，維持目前的情況比較有利，至少不會造成損失。

【建議】：如果是投資事業或必須根本上改變現況等風險高的事情，請暫且擱置，以避免損失持續擴大。可延至時序「小寒／大寒」再行占卜；或有再次觸動轉變的契機，意猶未決時進行占卜。

586 上六，冥升，利于不息之貞。〈象〉曰：冥升在上，消不富也。

請占之事：

【現況】：上六，所疑之事預估正確。如果所疑之事已在具體進行中，當前的客觀環境對你冷漠無感，沒有助益。

【將來】：（平）「利于不息之貞」，維持目前的情況比較有利，至少不會造成損失。

【建議】：如果是投資事業或必須根本上改變現況等風險高的事情，請暫且擱置，以避免損失持續擴大。可延至時序「小寒／大寒」再行占卜；或有再次觸動轉變的契機，意猶未決時進行占卜。

☰ 坎下，乾上。天水　訟（61）

611 初六，不永所事，小有言；終吉。〈象〉曰：「不永所事」，訟不可長也；雖小有言，其辯明也。

請占之事：

【現況】：初六，所疑之事預估偏失。如果所疑之事已在具體進行中，當前的客觀環境對你助力有實質利益。

【將來】：（平）「終吉」，維持目前的情況比較有利，至少不會造成損失。

【警告】：「不永所事，小有言」，如果貿然投入資源想要獲取更大的利益，會慘遭挫敗。

【建議】：如果是投資事業或必須根本上改變現況等風險高的事情，請暫且擱置，以避免損失持續擴大。可延至時序「清明／穀雨」再行占卜；或有再次觸動轉變的契機，意猶未決時進行占卜。

612 九二，不克訟，歸而逋，其邑人三百戶，无眚。
〈象〉曰：「不克訟」，歸逋竄也；自下訟上，患至掇也。

請占之事：

【現況】：九二，所謀之事預估偏失。如果所謀之事已在具體進行中，當前的客觀環境對你不如預期，助力有限。

【將來】：（平）「歸而逋」，外緣不如預期，助力有限。維持目前的情況比較有利，至少不會造成損失。

【警告】：「不克訟」，如果貿然投入資源想要獲取更大的利益，會慘遭挫敗。

【建議】：如果是投資事業或必須根本上改變現況等風險高的事情，請暫且擱置，以避免損失持續擴大。可延至時序「清明／穀雨」再行占卜；或有再次觸動轉變的契機，意猶未決時進行占卜。

613 六三，食舊德，貞厲，終吉；或從王事，无成。
〈象〉曰：「食舊德」，從上吉也。

請占之事：

【現況】：六三，所疑之事預估偏失。如果所疑之事已在具體進行中，當前的客觀環境對你看似有利，實而無益。

【將來】：（平）「食舊德」、「終吉」，外在的環境有所牽制，停滯不前。維持目前的情況比較有利，至少不會造成損失。

【警告】：「貞厲」，如果貿然投入資源想要獲取更大的利益，會慘遭挫敗。

【建議】：如果是投資事業或必須根本上改變現況等風險高

的事情，請暫且擱置，以避免損失持續擴大。可延至時序「清明／穀雨」再行占卜；或有再次觸動轉變的契機，意猶未決時進行占卜。

614 九四，不克訟；復即命，渝，安貞吉。〈象〉曰：「復即命，渝」，安貞不失也。

請占之事：

【現況】：九四，所謀之事預估偏失。如果所謀之事已在具體進行中，當前的客觀環境對你看似有利，實而無益。

【將來】：（平）「復即命，渝，安貞吉」，自我克制，不要受到外在人事物誘惑。維持目前的情況比較有利，至少不會造成損失。

【警告】：「不克訟」，如果貿然投入資源想要獲取更大的利益，會慘遭挫敗。

【建議】：如果是投資事業或必須根本上改變現況等風險高的事情，請暫且擱置，以避免損失持續擴大。可延至時序「清明／穀雨」再行占卜；或有再次觸動轉變的契機，意猶未決時進行占卜。

615 九五，訟，元吉。〈象〉曰：「訟，元吉」，以中正也。

請占之事：

【現況】：九五，所謀之事預估正確。如果所謀之事已在具體進行中，當前的客觀環境對你有阻礙、異議、紛爭，沒有助益。

【將來】：（吉）「訟，元吉」，投入現有的資源，獲取更大的利益。化解歧見，建立共識，爭取有能力、有條件的人事物支持，發揮群策群力的力量，共圖事業。優勢在我方，順勢而為。

【建議】：得天之時，得人之助。可從事投資事業或根本上改變現況等風險高的事情。

616 上九，或錫之鞶帶；終朝三褫之。〈象〉曰：以訟受服，亦不足敬也。

請占之事：

【現況】：上九，所謀之事預估偏失。如果所謀之事已在具體進行中，當前的客觀環境對你有阻礙、異議、紛爭，沒有助益。

【將來】：（平）「或錫之鞶帶」，維持目前的情況比較有利，至少不會造成損失。

【警告】：「終朝三褫之」，如果貿然投入資源想要獲取更大的利益，會慘遭挫敗。

【建議】：如果是投資事業或必須根本上改變現況等風險高的事情，請暫且擱置，以避免損失持續擴大。可延至時序「清明／穀雨」再行占卜；或有再次觸動轉變的契機，意猶未決時進行占卜。

坎下，兌上。澤水 困（62）

621 初六，臀困于株木，入于幽谷，三歲不覿。〈象〉

曰：「入于幽谷」，幽不明也。

請占之事：

【現況】：初六，所疑之事預估偏失。如果所疑之事已在具體進行中，當前的客觀環境對你助力有實質利益。

【將來】：（平）「入于幽谷，三歲不覿」，處境艱難，維持目前的情況比較有利，至少不會造成損失。

【建議】：如果是投資事業或必須根本上改變現況等風險高的事情，請暫且擱置，以避免損失持續擴大。可延至時序「寒露／霜降」再行占卜；或有再次觸動轉變的契機，意猶未決時進行占卜。

622 九二，困于酒食，朱紱方來，利用亨祀；征凶，无咎。〈象〉曰：「困于酒食」，中有慶也。

請占之事：

【現況】：九二，所謀之事預估偏失。如果所謀之事已在具體進行中，當前的客觀環境對你不如預期，助力有限。

【將來】：（平）「利用亨祀」，外緣助力不如預期。維持目前的情況比較有利，至少不會造成損失。

【警告】：「征凶」，如果貿然投入資源想要獲取更大的利益，會慘遭挫敗。

【建議】：如果是投資事業或必須根本上改變現況等風險高的事情，請暫且擱置，以避免損失持續擴大。可延至時序「寒露／霜降」再行占卜；或有再次觸動轉變的契機，意猶未決時進行占卜。

623 六三，困于石，據于蒺藜；入于其宮，不見其妻，凶。〈象〉曰：「據于蒺藜」，乘剛也；「入于其宮，不見其妻」，不祥也。

請占之事：

【現況】：六三，所疑之事預估偏失。如果所疑之事已在具體進行中，當前的客觀環境對你看似有利，實而無益。

【將來】：（凶）「困于石」，外在環境有所牽制，停滯不前。處境艱難，與其盲從躁動，不如維持目前的情況控管損害，不至損失持續擴大。

【警告】：「入于其宮，不見其妻，凶」，如果貿然投入資源想要獲取更大的利益，會慘遭挫敗。

【建議】：如果是投資事業或必須根本上改變現況等風險高的事情，請暫且擱置，以避免損失持續擴大。可延至時序「寒露／霜降」再行占卜；或有再次觸動轉變的契機，意猶未決時進行占卜。

624 九四，來徐徐，困于金車，吝，有終。〈象〉曰：「來徐徐」，志在下也；雖不當位，有與也。

請占之事：

【現況】：九四，所謀之事預估偏失。如果所謀之事已在具體進行中，當前的客觀環境對你看似有利，實而無益。

【將來】：（平）「吝，有終」，維持目前的情況比較有利，至少不會造成損失。

【建議】：如果是投資事業或必須根本上改變現況等風險高的事情，請暫且擱置，以避免損失持續擴大。可延至時序

「寒露／霜降」再行占卜；或有再次觸動轉變的契機，意猶未決時進行占卜。

---

625 九五，劓刖，困于赤紱；乃徐有說，利用祭祀。
〈象〉曰：「劓刖」，志未得也；「乃徐有說」，以中直也；「利用祭祀」，受福也。

請占之事：

【現況】：九五，所謀之事預估正確。如果所謀之事已在具體進行中，當前的客觀環境對你不如預期，助力有限。

【將來】：（平）「利用祭祀」，維持目前的情況比較有利，至少不會造成損失。

【警告】：「劓刖，困于赤紱」，如果貿然投入資源想要獲取更大的利益，會慘遭挫敗。

【建議】：如果是投資事業或必須根本上改變現況等風險高的事情，請暫且擱置，以避免損失持續擴大。可延至時序「寒露／霜降」再行占卜；或有再次觸動轉變的契機，意猶未決時進行占卜。

---

626 上六，困于葛藟，于臲卼，曰動悔有悔；征吉。
〈象〉曰：「困于葛藟」，未當也；「動悔有悔」，吉行也。

請占之事：

【現況】：上六，所疑之事預估正確。如果所疑之事已在具體進行中，當前的客觀環境對你有所牽制，停滯不前。

【將來】：（吉）「征吉」，投入現有的資源，爭取有能

力、有條件的人事物支持，獲取更大的利益。

【建議】：得天之時，得人之助。可從事投資事業或根本上改變現況等風險高的事情。

☵☲ 坎下，離上。火水　未濟（63）

631 初六，濡其尾，吝。〈象〉曰：「濡其尾」，亦不知極也。

請占之事：

【現況】：初六，所疑之事預估偏失。如果所疑之事已在具體進行中，當前的客觀環境對你助力有實質利益。

【將來】：（平）處境艱難，維持目前的情況比較有利，至少不會造成損失。

【警告】：「濡其尾，吝」，如果貿然投入資源想要獲取更大的利益，會慘遭挫敗。

【建議】：如果是投資事業或必須根本上改變現況等風險高的事情，請暫且擱置，以避免損失持續擴大。可延至時序「大雪／冬至」再行占卜；或有再次觸動轉變的契機，意猶未決時進行占卜。

632 九二，曳其輪，貞吉。〈象〉曰：九二貞吉，中以行正也。

請占之事：

【現況】：九二，所謀之事預估偏失。如果所謀之事已在具體進行中，當前的客觀環境對你不如預期，助力有限。

【將來】：（平）「曳其輪，貞吉」，外緣助力不如預期。維持目前的情況比較有利，至少不會造成損失。

【建議】：如果是投資事業或必須根本上改變現況等風險高的事情，請暫且擱置，以避免損失持續擴大。可延至時序「大雪／冬至」再行占卜；或有再次觸動轉變的契機，意猶未決時進行占卜。

---

633 六三，未濟，征凶，利涉大川。〈象〉曰：「未濟征凶」，位不當也。

請占之事：

【現況】：六三，所疑之事預估偏失。如果所疑之事已在具體進行中，當前的客觀環境對你看似有利，實而無益。

【將來】：（吉）「利涉大川」，保守評估，量力而為，爭取有能力、有條件的人事物支持，投入既有的資源重新出發。可以考慮另起爐灶。

【警告】：「征凶」，如果貿然投入資源想要獲取更大的利益，會慘遭挫敗。

【建議】：得人之助，得地之宜。保守評估，量力而為、以退為進的原則，可從事投資事業或根本上改變現況等風險高的事情。

---

634 九四，貞吉，悔亡；震用伐鬼方，三年有賞于大國。〈象〉曰：「貞吉悔亡」，志行也。

請占之事：

【現況】：九四，所謀之事預估偏失。如果所謀之事已在具

體進行中，當前的客觀環境對你看似有利，實而無益。

【將來】：（吉）「震用伐鬼方，三年有賞于大國」，保守評估，量力而為，化解歧見，建立共識，爭取有能力、有條件的人事物支持，投入既有的資源重新出發。可以考慮另起爐灶。

【建議】：得人之助，得地之宜。保守評估，量力而為、以退為進的原則，可從事投資事業或根本上改變現況等風險高的事情。

或者：

【將來】：（平）「貞吉，悔亡」，外緣助力不如預期。維持目前的情況比較有利，至少不會造成損失。

【建議】：如果是投資事業或必須根本上改變現況等風險高的事情，請暫且擱置，以避免損失持續擴大。可延至時序「大雪／冬至」再行占卜；或有再次觸動轉變的契機，意猶未決時進行占卜。

635 六五，貞吉，无悔；君子之光，有孚吉。〈象〉曰：「君子之光」，其暉吉也。

請占之事：

【現況】：六五，所疑之事預估偏失。如果所疑之事已在具體進行中，當前的客觀環境對你助力有實質利益。

【將來】：（平）「有孚吉」，外在環境有所牽制，停滯不前。維持目前的情況比較有利，至少不會造成損失。

【建議】：如果是投資事業或必須根本上改變現況等風險高的事情，請暫且擱置，以避免損失持續擴大。可延至時序

「大雪／冬至」再行占卜；或有再次觸動轉變的契機，意猶未決時進行占卜。

636 上九，有孚于飲酒，无咎；濡其首，有孚失是。
〈象〉曰：「飲酒濡首」，亦不知節也。

請占之事：

【現況】：上九，所謀之事預估偏失。如果所謀之事已在具體進行中，當前的客觀環境對你不如預期，助力有限。

【將來】：（平）「有孚于飲酒」，維持目前的情況比較有利，至少不會造成損失。

【警告】：「濡其首，有孚失是」，如果貿然投入資源想要獲取更大的利益，會慘遭挫敗。

【建議】：如果是投資事業或必須根本上改變現況等風險高的事情，請暫且擱置，以避免損失持續擴大。可延至時序「大雪／冬至」再行占卜；或有再次觸動轉變的契機，意猶未決時進行占卜。

≣≣ 坎下，震上。雷水 解（64）

641 初六，无咎。〈象〉曰：剛柔之際，義无咎也。

請占之事：

【現況】：初六，所疑之事預估偏失。如果所疑之事已在具體進行中，當前的客觀環境對你助力有實質利益。

【將來】：（平）「无咎」，維持目前的情況比較有利，至少不會造成損失。

【建議】：如果是投資事業或必須根本上改變現況等風險高的事情，請暫且擱置，以避免損失持續擴大。可延至時序「驚蟄／春分」再行占卜；或有再次觸動轉變的契機，意猶未決時進行占卜。

642 九二，田獲三狐，得黃矢；貞吉。〈象〉曰：九二貞吉，得中道也。

請占之事：

【現況】：九二，所謀之事預估偏失。如果所謀之事已在具體進行中，當前的客觀環境對你不如預期，助力有限。

【將來】：（平）「貞吉」，外緣助力不如預期。維持目前的情況比較有利，至少不會造成損失。

【建議】：如果是投資事業或必須根本上改變現況等風險高的事情，請暫且擱置，以避免損失持續擴大。可延至時序「驚蟄／春分」再行占卜；或有再次觸動轉變的契機，意猶未決時進行占卜。

643 六三，負且乘，致寇至；貞吝。〈象〉曰：「負且乘」，亦可醜也；自我致戎，又誰咎也？

請占之事：

【現況】：六三，所疑之事預估偏失。如果所疑之事已在具體進行中，當前的客觀環境對你看似有利，實而無益。

【將來】：（平）「負且乘」，外在環境有所牽制，停滯不前。維持目前的情況比較有利，至少不會造成損失。

【警告】：「負且乘，致寇至」，如果貿然投入資源想要獲

取更大的利益，會慘遭挫敗。

【建議】：如果是投資事業或必須根本上改變現況等風險高的事情，請暫且擱置，以避免損失持續擴大。可延至時序「驚蟄／春分」再行占卜；或有再次觸動轉變的契機，意猶未決時進行占卜。

644 九四，解而拇，朋至斯孚。〈象〉曰：「解而拇」，未當位也。

請占之事：

【現況】：九四，所謀之事預估偏失。如果所謀之事已在具體進行中，當前的客觀環境對你看似有利，實而無益。

【將來】：（平）「朋至斯孚」，外緣助力不如預期。維持目前的情況比較有利，至少不會造成損失。

【建議】：如果是投資事業或必須根本上改變現況等風險高的事情，請暫且擱置，以避免損失持續擴大。可延至時序「驚蟄／春分」再行占卜；或有再次觸動轉變的契機，意猶未決時進行占卜。

645 六五，君子維有解，吉，有孚于小人。〈象〉曰：君子有解，小人退也。

請占之事：

【現況】：六五，所疑之事預估偏失。如果所疑之事已在具體進行中，當前的客觀環境對你冷漠無感，沒有助益。

【將來】：（吉）「有孚于小人」，投入現有的資源，爭取有能力、有條件的人事物支持，獲取更大的利益。

【建議】：得天之時，得人之助。可從事投資事業或根本上改變現況等風險高的事情。

646 上六，公用射隼于高墉之上，獲之，无不利。〈象〉曰：「公用射隼」，以解悖也。

請占之事：

【現況】：上六，所疑之事預估正確。如果所疑之事已在具體進行中，當前的客觀環境對你冷漠無感，沒有助益。

【將來】：（吉）「獲之，无不利」，投入現有的資源，獲取更大的利益。化解歧見，建立共識，爭取有能力、有條件的人事物支持，發揮群策群力的力量，共圖事業。優勢在我方，順勢而為。

【建議】：得天之時，得人之助。可從事投資事業或根本上改變現況等風險高的事情。

☲☴ 坎下，巽上。風水　渙（65）

651 初六，用拯馬壯吉。〈象〉曰：初六之吉，順也。

請占之事：

【現況】：初六，所疑之事預估偏失。如果所疑之事已在具體進行中，當前的客觀環境對你助力有實質利益。

【將來】：（平）維持目前的情況比較有利，至少不會造成損失。

【建議】：如果是投資事業或必須根本上改變現況等風險高的事情，請暫且擱置，以避免損失持續擴大。可延至時序

「小暑／大暑」再行占卜；或有再次觸動轉變的契機，意猶未決時進行占卜。

651 九二，渙奔其机，悔亡。〈象〉曰：「渙奔其机」，得願也。

請占之事：

【現況】：九二，所謀之事預估偏失。如果所謀之事已在具體進行中，當前的客觀環境對你不如預期，助力有限。

【將來】：（平）「渙奔其机，悔亡」，外緣助力不如預期。維持目前的情況比較有利，至少不會造成損失。

【建議】：如果是投資事業或必須根本上改變現況等風險高的事情，請暫且擱置，以避免損失持續擴大。可延至時序「小暑／大暑」再行占卜；或有再次觸動轉變的契機，意猶未決時進行占卜。

653 六三，渙其躬，无悔。〈象〉曰：「渙其躬」，志在外也。

請占之事：

【現況】：六三，所疑之事預估偏失。如果所疑之事已在具體進行中，當前的客觀環境對你冷漠無感，沒有助益。

【將來】：（平）「渙其躬，无悔」，外在環境有所牽制，停滯不前。維持目前的情況比較有利，至少不會造成損失。

【建議】：如果是投資事業或必須根本上改變現況等風險高的事情，請暫且擱置，以避免損失持續擴大。可延至時序「小暑／大暑」再行占卜；或有再次觸動轉變的契機，意猶

未決時進行占卜。

---

654 六四，渙其群，元吉；渙有丘，匪夷所思。〈象〉曰：渙其群，元吉；光大也。

請占之事：

【現況】：六四，所疑之事預估正確。如果所疑之事已在具體進行中，當前的客觀環境對你冷漠無感，沒有助益。

【將來】：（吉）「渙有丘，匪夷所思」，有意外的外緣主動相助，可以獲得實質的利益。

【建議】：雖然可以從中獲益，仍以保守評估為要，不可過度樂觀。不宜投資本業以外之事業或必須根本上改變現況等風險高的事情。

---

655 九五，渙汗其大號，渙王居，无咎。〈象〉曰：「王居无咎」，正位也。

請占之事：

【現況】：九五，所謀之事預估正確。如果所謀之事已在具體進行中，當前的客觀環境對你有阻礙、異議、紛爭，沒有助益。

【將來】：（吉）「渙王居，无咎」，投入現有的資源，爭取有能力、有條件的人事物支持，獲取更大的利益。

【建議】：得天之時，得人之助，得地之宜。可從事投資事業或根本上改變現況等風險高的事情。

---

656 上九，渙其血去逖出，无咎。〈象〉曰：「渙其

血」，遠害也。

請占之事：

【現況】：上九，所謀之事預估偏失。如果所謀之事已在具體進行中，當前的客觀環境對你有阻礙、異議、紛爭，沒有助益。

【將來】：（吉）「渙其血去逖出，无咎」，投入現有的資源，獲取更大的利益。化解歧見，建立共識，爭取有能力、有條件的人事物支持，發揮群策群力的力量，共圖事業。優勢在我方，順勢而為。

【建議】：得天之時，得人之助，得地之宜。可從事投資事業或根本上改變現況等風險高的事情。

坎下，坎上。坎　為水（66）

661　初六，習坎，入于坎窞，凶。〈象〉曰：習坎入坎，失道凶也。

請占之事：

【現況】：初六，所疑之事預估偏失。如果所疑之事已在具體進行中，當前的客觀環境對你助力有實質利益。

【將來】：（凶）「入于坎窞」，處境艱難，維持目前的情況比較有利，至少不會造成損失。

【警告】：「凶」，如果貿然投入資源想要獲取更大的利益，會慘遭挫敗。

【建議】：如果是投資事業或必須根本上改變現況等風險高的事情，請暫且擱置，以避免損失持續擴大。可延至時序

「大雪／冬至」再行占卜；或有再次觸動轉變的契機，意猶未決時進行占卜。

662 九二，坎有險，求小得。〈象〉曰：「求小得」，未出中也。

請占之事：

【現況】：九二，所謀之事預估偏失。如果所謀之事已在具體進行中，當前的客觀環境對你不如預期，助力有限。

【將來】：（平）「求小得」，外緣助力不如預期。維持目前的情況比較有利，至少不會造成損失。

【建議】：如果是投資事業或必須根本上改變現況等風險高的事情，請暫且擱置，以避免損失持續擴大。可延至時序「大雪／冬至」再行占卜；或有再次觸動轉變的契機，意猶未決時進行占卜。

663 六三，來之坎坎，險且枕，入于坎窞；勿用。〈象〉曰：「來之坎坎」，終无功也。

請占之事：

【現況】：六三，所疑之事預估偏失。如果所疑之事已在具體進行中，當前的客觀環境對你冷漠無感，沒有助益。

【將來】：（平）「終无功也」，外在環境有所牽制，停滯不前。維持目前的情況比較有利，至少不會造成損失。

【警告】：「勿用」，不要有積極的作為。如果貿然投入資源想要獲取更大的利益，會慘遭挫敗。

【建議】：如果是投資事業或必須根本上改變現況等風險高

的事情，請暫且擱置，以避免損失持續擴大。可延至時序「大雪／冬至」再行占卜；或有再次觸動轉變的契機，意猶未決時進行占卜。

---

664 六四，樽酒，簋貳，用缶，納約自牖，終无咎。〈象〉曰：「樽酒簋貳」，剛柔際也。

請占之事：

【現況】：六四，所疑之事預估正確。如果所疑之事已在具體進行中，當前的客觀環境對你冷漠無感，沒有助益。

【將來】：（吉）「樽酒簋貳」，有外緣相助，可以獲得實質的利益。

【建議】：雖然可以從中獲益，仍以保守評估為要，不可過度樂觀。不宜投資本業以外之事業或必須根本上改變現況等風險高的事情。

---

665 九五，坎不盈；祗既平，无咎。〈象〉曰：「坎不盈」，中未大也。

請占之事：

【現況】：九五，所謀之事預估正確。如果所謀之事已在具體進行中，當前的客觀環境對你不如預期，助力有限。

【將來】：（平）「坎不盈」，維持目前的情況比較有利，至少不會造成損失。

【建議】：如果是投資事業或必須根本上改變現況等風險高的事情，請暫且擱置，以避免損失持續擴大。可延至時序「大雪／冬至」再行占卜；或有再次觸動轉變的契機，意猶

未決時進行占卜。

666 上六，係用徽纆，寘于叢棘，三歲不得，凶。〈象〉曰：上六失道，凶三歲也。

請占之事：

【現況】：上六，所疑之事預估正確。如果所疑之事已在具體進行中，當前的客觀環境對你有所牽制，停滯不前。

【將來】：（凶）「係用徽纆」，維持目前的情況比較有利，至少不會造成損失。

【警告】：「三歲不得，凶」，如果貿然投入資源想要獲取更大的利益，會慘遭挫敗。

【建議】：如果是投資事業或必須根本上改變現況等風險高的事情，請暫且擱置，以避免損失持續擴大。可延至時序「大雪／冬至」再行占卜；或有再次觸動轉變的契機，意猶未決時進行占卜。

☶☵ 坎下，艮上。山水 蒙（67）

671 初六，發蒙，利用刑人，用說桎梏；以往吝。〈象〉曰：「利用刑人」，以正法也。

請占之事：

【現況】：初六，所疑之事預估偏失。如果所疑之事已在具體進行中，當前的客觀環境對你助力有實質利益。

【將來】：（平）「利用刑人」，維持目前的情況比較有利，至少不會造成損失。

【警告】：「以往吝」，如果貿然投入資源想要獲取更大的利益，會慘遭挫敗。

【建議】：如果是投資事業或必須根本上改變現況等風險高的事情，請暫且擱置，以避免損失持續擴大。可延至時序「立春／雨水」再行占卜；或有再次觸動轉變的契機，意猶未決時進行占卜。

672 九二，包蒙，吉。納婦，吉；子克家。〈象〉曰：「子克家」，剛柔接也。

請占之事：

【現況】：九二，所謀之事預估偏失。如果所謀之事已在具體進行中，當前的客觀環境對你不如預期，助力有限。

【將來】：（平）「包蒙，吉」，維持目前的情況比較有利，至少不會造成損失。

【建議】：如果是投資事業或必須根本上改變現況等風險高的事情，請暫且擱置，以避免損失持續擴大。可延至時序「立春／雨水」再行占卜；或有再次觸動轉變的契機，意猶未決時進行占卜。

673 六三，勿用取女；見金夫，不有躬，无攸利。〈象〉曰：「勿用取女」，行不順也。

請占之事：

【現況】：六三，所疑預估想法偏失。如果所疑之事已在具體進行中，當前的客觀環境對你冷漠無感，沒有助益。

【將來】：（平）外在的環境有所牽制，停滯不前。維持目

前的情況比較有利，至少不會造成損失。

【警告】：「无攸利」，如果貿然投入資源想要獲取更大的利益，會慘遭挫敗。

【建議】：如果是投資事業或必須根本上改變現況等風險高的事情，請暫且擱置，以避免損失持續擴大。可延至時序「立春／雨水」再行占卜；或有再次觸動轉變的契機，意猶未決時進行占卜。

674 六四，困蒙，吝。〈象〉曰：困蒙之吝，獨遠實也。
請占之事：

【現況】：六四，所疑之事預估正確。如果所疑之事已在具體進行中，當前的客觀環境對你冷漠無感，沒有助益。

【將來】：（平）「困蒙，吝」，維持目前的情況比較有利，至少不會造成損失。

【建議】：如果是投資事業或必須根本上改變現況等風險高的事情，請暫且擱置，以避免損失持續擴大。可延至時序「立春／雨水」再行占卜；或有再次觸動轉變的契機，意猶未決時進行占卜。

675 六五，童蒙，吉。〈象〉曰：童蒙之吉，順以巽也。
請占之事：

【現況】：六五，所疑之事預估偏失。如果所疑之事已在具體進行中，當前的客觀環境對你助力有實質利益。

【將來】：（平）「童蒙，吉」，維持目前的情況比較有利，至少不會造成損失。

【建議】：如果是投資事業或必須根本上改變現況等風險高的事情，請暫且擱置，以避免損失持續擴大。可延至時序「立春／雨水」再行占卜；或有再次觸動轉變的契機，意猶未決時進行占卜。

676 上九，擊蒙；不利為寇，利禦寇。〈象〉曰：利用禦寇，上下順也。

請占之事：

【現況】：上九，所謀之事預估偏失。如果所謀之事已在具體進行中，當前的客觀環境對你不如預期，助力有限。

【將來】：（平）「利禦寇」，維持目前的情況比較有利，至少不會造成損失。

【警告】：「擊蒙，不利為寇」，如果貿然投入資源想要獲取更大的利益，會慘遭挫敗。

【建議】：如果是投資事業或必須根本上改變現況等風險高的事情，請暫且擱置，以避免損失持續擴大。可延至時序「立春／雨水」再行占卜；或有再次觸動轉變的契機，意猶未決時進行占卜。

☷☵ 坎下，坤上。地水 師（68）

681 初六，師出以律，否臧凶。〈象〉曰：「師出以律」，失律凶也。

請占之事：

【現況】：初六，所疑之事預估偏失。如果所疑之事已在具

體進行中，當前的客觀環境對你助力有實質利益。

【將來】：（平）維持目前的情況比較有利，至少不會造成損失。

【警告】：「否臧凶」，如果貿然投入資源想要獲取更大的利益，會慘遭挫敗。

【建議】：如果是投資事業或必須根本上改變現況等風險高的事情，請暫且擱置，以避免損失持續擴大。可延至時序「立夏／小滿」再行占卜；或有再次觸動轉變的契機，意猶未決時進行占卜。

682 九二，在師，中吉，无咎；王三錫命。〈象〉曰：「在師中吉」，承天寵也；「王三錫命」，懷萬邦也。

請占之事：

【現況】：九二，所謀之事預估偏失。如果所謀之事已在具體進行中，當前的客觀環境對你不如預期，助力有限。

【將來】：（平）「在師中吉」、「王三錫命」，外緣助力不如預期。維持目前的情況比較有利，至少不會造成損失。

【建議】：如果是投資事業或必須根本上改變現況等風險高的事情，請暫且擱置，以避免損失持續擴大。可延至時序「立夏／小滿」再行占卜；或有再次觸動轉變的契機，意猶未決時進行占卜。

683 六三，師或輿尸，凶。〈象〉曰：「師或輿尸」，大无功也。

請占之事：

【現況】：六三，所疑之事預估偏失。如果所疑之事已在具體進行中，當前的客觀環境對你冷漠無感，沒有助益。

【將來】：（凶）「凶」，外在的環境有所牽制，停滯不前。處境艱難，與其盲從躁動，不如維持目前的情況控管損害，不至損失持續擴大。

【警告】：「輿尸」、「大无功」，如果貿然投入資源想要獲取更大的利益，會慘遭挫敗。

【建議】：如果是投資事業或必須根本上改變現況等風險高的事情，請暫且擱置，以避免損失持續擴大。可延至時序「立夏／小滿」再行占卜；或有再次觸動轉變的契機，意猶未決時進行占卜。

684　六四，師左次，无咎。〈象〉曰：「左次无咎」，未失常也。

請占之事：

【現況】：六四，所疑之事預估正確。如果所疑之事已在具體進行中，當前的客觀環境對你冷漠無感，沒有助益。

【將來】：（吉）「師左次」，爭取有能力、有條件的人事物支持，投入既有的資源重新出發。可以考慮另起爐灶。

【建議】：得人之助，得地之宜。保守評估，量力而為、以退為進的原則，可從事投資事業或根本上改變現況等風險高的事情。

685　六五，田有禽，利執言，无咎；長子帥師，弟子輿尸，貞凶。〈象〉曰：「長子帥師」，以中行也；「弟子輿

尸」，使不當也。

請占之事：

【現況】：六五，所疑之事預估偏失。如果所疑之事已在具體進行中，當前的客觀環境對你冷漠無感，沒有助益。

【將來】：（平）「利執言」，維持目前的情況比較有利，至少不會造成損失。

【警告】：「弟子輿尸，貞凶」，如果貿然投入資源想要獲取更大的利益，會慘遭挫敗。

【建議】：如果是投資事業或必須根本上改變現況等風險高的事情，請暫且擱置，以避免損失持續擴大。可延至時序「立夏／小滿」再行占卜；或有再次觸動轉變的契機，意猶未決時進行占卜。

686 上六，大君有命，開國承家，小人勿用。〈象〉曰：「大君有命」，以正功也；「小人勿用」，必亂邦也。

請占之事：

【現況】：上六，所疑之預估法正確。如果所疑之事已在具體進行中，當前的客觀環境對你冷漠無感，沒有助益。

【將來】：（平）「開國承家」，維持目前的情況比較有利，至少不會造成損失。

【警告】：「小人勿用」，如果貿然投入資源想要獲取更大的利益，會慘遭挫敗。

【建議】：如果是投資事業或必須根本上改變現況等風險高的事情，請暫且擱置，以避免損失持續擴大。可延至時序「立夏／小滿」再行占卜；或有再次觸動轉變的契機，意猶

未決時進行占卜。

≡≡ 艮下，乾上。天山 遯（71）

711 初六，遯尾；厲，勿用有攸往。〈象〉曰：遯尾之
厲，不往何災也？

請占之事：

【現況】：初六，所疑之事預估偏失。如果所疑之事已在具
體進行中，當前的客觀環境對你冷漠無感，沒有助益。

【將來】：（吉）「遯尾」，有意外的外緣主動相助，可以
獲得實質的利益。

【警告】：「厲，勿用有攸往」，如果貿然投入資源想要獲
取更大的利益，會慘遭挫敗。

【建議】：雖然可以從中獲益，仍不宜投資本業以外之事業
或必須根本上改變現況等風險高的事情。

712 六二，執之用黃牛之革，莫之勝說。〈象〉曰：執用
黃牛，固志也。

請占之事：

【現況】：六二，所疑之事預估正確。如果所疑之事已在具
體進行中，當前的客觀環境對你冷漠無感，沒有助益。

【將來】：（吉）「執用黃牛之革」，有外緣相助，可以獲
得實質的利益。

【建議】：雖然可以從中獲益，仍以保守評估為要，不可過
度樂觀。不宜投資本業以外之事業或必須根本上改變現況等

風險高的事情。

713 九三，係遯，有疾厲；畜臣妾，吉。〈象〉曰：係遯之厲，有疾憊也；「畜臣妾吉」，不可大事也。

請占之事：

【現況】：九三，所謀之事預估正確。如果所謀之事已在具體進行中，當前的客觀環境對你有阻礙、異議、紛爭，沒有助益。

【將來】：（吉）「畜臣妾，吉」，爭取有能力、有條件的人事物支持，投入既有的資源重新出發。可以考慮另起爐灶。

【警告】：「係遯，有疾厲」，如果貿然投入資源想要獲取更大的利益，會慘遭挫敗。

【建議】：得人之助，得地之宜。保守評估，量力而為、以退為進的原則，可從事投資事業或根本上改變現況等風險高的事情。

714 九四，好遯，君子吉，小人否。〈象〉曰：君子好遯，小人否也。

請占之事：

【現況】：九四，所謀之事預估偏失。如果所謀之事已在具體進行中，當前的客觀環境對你有阻礙、異議、紛爭，沒有助益。

【將來】：（吉）「好遯，君子吉」，爭取有能力、有條件的人事物支持，投入既有的資源重新出發。可以考慮另起爐

灶。

【警告】：「小人否」，如果貿然投入資源想要獲取更大的利益，會慘遭挫敗。

【建議】：得人之助，得地之宜。保守評估，量力而為、以退為進的原則，可從事投資事業或根本上改變現況等風險高的事情。

715 九五，嘉遯，貞吉。〈象〉曰：「嘉遯貞吉」，以正志也。

請占之事：

【現況】：九五，所謀之事預估正確。如果所謀之事已在具體進行中，當前的客觀環境對你有阻礙、異議、紛爭，沒有助益。

【將來】：（平）「貞吉」，維持目前的情況比較有利，至少不會造成損失。

【建議】：如果是投資事業或必須根本上改變現況等風險高的事情，請暫且擱置，以避免損失持續擴大。可延至時序「小暑／大暑」再行占卜；或有再次觸動轉變的契機，意猶未決時進行占卜。

716 上九，肥遯，无不利。〈象〉曰：「肥遯无不利」，无所疑也。

請占之事：

【現況】：上九，所謀之事預估偏失。如果所謀之事已在具體進行中，當前的客觀環境對你有阻礙、異議、紛爭，沒有

助益。

【將來】：（平）「无不利」，維持目前的情況比較有利，至少不會造成損失。

【建議】：如果是投資事業或必須根本上改變現況等風險高的事情，請暫且擱置，以避免損失持續擴大。可延至時序「小暑／大暑」再行占卜；或有再次觸動轉變的契機，意猶未決時進行占卜。

≡≡ 艮下，兌上。澤山　咸（72）

721 初六，咸其拇。〈象〉曰：「咸其拇」，志在外也。

請占之事：

【現況】：初六，所疑之事預估偏失。如果所疑之事已在具體進行中，當前的客觀環境對你冷漠無感，沒有助益。

【將來】：（平）「咸其拇」，維持目前的情況比較有利，至少不會造成損失。

【建議】：如果是投資事業或必須根本上改變現況等風險高的事情，請暫且擱置，以避免損失持續擴大。可延至時序「芒種／夏至」再行占卜；或有再次觸動轉變的契機，意猶未決時進行占卜。

722 六二，咸其腓，凶；居吉。〈象〉曰：雖凶居吉，順不害也。

請占之事：

【現況】：六二，所疑之事預估正確。如果所疑之事已在具

體進行中，當前的客觀環境對你冷漠無感，沒有助益。

【將來】：（吉）「居吉」，有外緣相助，可以獲得實質的利益。

【警告】：「咸其腓，凶」，如果貿然投入資源想要獲取更大的利益，會慘遭挫敗。

【建議】：雖然可以從中獲益，仍以保守評估為要，不可過度樂觀。不宜投資本業以外之事業或必須根本上改變現況等風險高的事情。

---

723 九三，咸其股；執其隨，往吝。〈象〉曰：「咸其股」，亦不處也；志在隨人，所執下也。

請占之事：

【現況】：九三，所謀之事預估正確。如果所謀之事已在具體進行中，當前的客觀環境對你有阻礙、異議、紛爭，沒有助益。

【將來】：（平）「所執下也」，外緣助力不如預期。維持目前的情況比較有利，至少不會造成損失。

【警告】：「執其隨，往吝」，如果貿然投入資源想要獲取更大的利益，會慘遭挫敗。

【建議】：如果是投資事業或必須根本上改變現況等風險高的事情，請暫且擱置，以避免損失持續擴大。可延至時序「芒種／夏至」再行占卜；或有再次觸動轉變的契機，意猶未決時進行占卜。

---

724 九四，貞吉，悔亡；憧憧往來，朋從爾思。〈象〉

曰：「貞吉悔亡」，未感害也；「憧憧往來」，未光大也。

請占之事：

【現況】：九四，所謀之事預估偏失。如果所謀之事已在具體進行中，當前的客觀環境對你有阻礙、異議、紛爭，沒有助益。

【將來】：（平）「貞吉悔亡」，維持目前的情況比較有利，至少不會造成損失。

【警告】：「憧憧往來」，如果貿然投入資源想要獲取更大的利益，會慘遭挫敗。

【建議】：如果是投資事業或必須根本上改變現況等風險高的事情，請暫且擱置，以避免損失持續擴大。可延至時序「芒種／夏至」再行占卜；或有再次觸動轉變的契機，意猶未決時進行占卜。

725　九五，咸其脢，无悔。〈象〉曰：「咸其脢」，志末也。

請占之事：

【現況】：九五，所謀之事預估正確。如果所謀之事已在具體進行中，當前的客觀環境對你不如預期，助力有限。

【將來】：（平）「咸其脢，无悔」，維持目前的情況比較有利，至少不會造成損失。

【建議】：如果是投資事業或必須根本上改變現況等風險高的事情，請暫且擱置，以避免損失持續擴大。可延至時序「芒種／夏至」再行占卜；或有再次觸動轉變的契機，意猶未決時進行占卜。

726 上六，咸其輔頰舌。〈象〉曰：「咸其輔頰舌」，滕口說也。

請占之事：

【**現況**】：上六，所疑之事預估正確。如果所疑之事已在具體進行中，當前的客觀環境對你有所牽制，停滯不前。

【**將來**】：（平）「咸其輔頰舌」，維持目前的情況比較有利，至少不會造成損失。

【**建議**】：如果是投資事業或必須根本上改變現況等風險高的事情，請暫且擱置，以避免損失持續擴大。可延至時序「芒種／夏至」再行占卜；或有再次觸動轉變的契機，意猶未決時進行占卜。

☲☶ 艮下，離上。火山　旅（73）

731 初六，旅瑣瑣，斯其所取災。〈象〉曰：「旅瑣瑣」，志窮災也。

請占之事：

【**現況**】：初六，所疑之事預估偏失。如果所疑之事已在具體進行中，當前的客觀環境對你冷漠無感，沒有助益。

【**將來**】：（平）「旅瑣瑣」，處境艱難，與其盲從躁動，不如維持目前的情況控管損害，不至損失持續擴大。

【**警告**】：「斯其所取災」，如果貿然投入資源想要獲取更大的利益，會慘遭挫敗。

【**建議**】：如果是投資事業或必須根本上改變現況等風險高的事情，請暫且擱置，以避免損失持續擴大。可延至時序

「立夏／小滿」再行占卜；或有再次觸動轉變的契機，意猶未決時進行占卜。

732 六二，旅即次，懷其資，得童僕，貞。〈象〉曰：「得童僕貞」，終无尤也。

請占之事：

【現況】：六二，所疑之事預估正確。如果所疑之事已在具體進行中，當前的客觀環境對你冷漠無感，沒有助益。

【將來】：（吉）「懷其資，得童僕，貞」，有外緣相助，可以獲得實質的利益。

【建議】：雖然可以從中獲益，仍以保守評估為要，不可過度樂觀。不宜投資本業以外之事業或必須根本上改變現況等風險高的事情。

733 九三，旅焚其次，喪其童僕：貞厲。〈象〉曰：「旅焚其次」，亦以傷矣；以旅與下，其義喪也。

請占之事：

【現況】：九三，所謀之事預估正確。如果所謀之事已在具體進行中，當前的客觀環境對你有阻礙、異議、紛爭，沒有助益。

【將來】：（平）「貞厲」，處境艱難，與其盲從躁動，外緣助力不如預期。不如維持目前的情況控管損害，不至損失持續擴大。

【警告】：「旅焚其次，喪其童僕」，如果貿然投入資源想要獲取更大的利益，會慘遭挫敗。

【建議】：如果是投資事業或必須根本上改變現況等風險高的事情，請暫且擱置，以避免損失持續擴大。可延至時序「立夏／小滿」再行占卜；或有再次觸動轉變的契機，意猶未決時進行占卜。

734 九四，旅于處，得其資斧，我心不快。〈象〉曰：「旅于處」，未得位也；「得其資斧」，心未快也。

請占之事：

【現況】：九四，所謀之事預估偏失。如果所謀之事已在具體進行中，當前的客觀環境對你有阻礙、異議、紛爭，沒有助益。

【將來】：（平）「得其資斧，我心不快」，外緣助力不如預期。維持目前的情況比較有利，至少不會造成損失。

【建議】：如果是投資事業或必須根本上改變現況等風險高的事情，請暫且擱置，以避免損失持續擴大。可延至時序「立夏／小滿」再行占卜；或有再次觸動轉變的契機，意猶未決時進行占卜。

735 六五，射雉，一矢亡，終以譽命。〈象〉曰：「終以譽命」，上逮也。

請占之事：

【現況】：六五，所疑之事預估偏失。如果所疑之事已在具體進行中，當前的客觀環境對你助力有實質利益。

【將來】：（平）外在環境有所牽制，停滯不前。維持目前的情況比較有利，至少不會造成損失。

【警告】：「射雉，一矢亡」，如果貿然投入資源想要獲取更大的利益，會慘遭挫敗。

【建議】：如果是投資事業或必須根本上改變現況等風險高的事情，請暫且擱置，以避免損失持續擴大。可延至時序「立夏／小滿」再行占卜；或有再次觸動轉變的契機，意猶未決時進行占卜。

736 上九，鳥焚其巢；旅人先笑，後號咷；喪牛于易，凶。〈象〉曰：以旅在上，其義焚也；「喪牛于易」，終莫之聞也。

請占之事：

【現況】：上九，所謀之事預估偏失。如果所謀之事已在具體進行中，當前的客觀環境對你不如預期，助力有限。

【將來】：（凶）「喪牛于易，凶」，處境艱難，與其盲從躁動，不如維持目前的情況控管損害，不至損失持續擴大。

【警告】：「旅人先笑，後號咷」，如果貿然投入資源想要獲取更大的利益，會慘遭挫敗。

【建議】：如果是投資事業或必須根本上改變現況等風險高的事情，請暫且擱置，以避免損失持續擴大。可延至時序「立夏／小滿」再行占卜；或有再次觸動轉變的契機，意猶未決時進行占卜。

䷽ 艮下，震上。雷山 小過（74）

741 初六，飛鳥以凶。〈象〉曰：「飛鳥以凶」，不可如

何也。

請占之事：

【現況】：初六，所疑之事預估偏失。如果所疑之事已在具體進行中，當前的客觀環境對你冷漠無感，沒有助益。

【將來】：（平）維持目前的情況比較有利，至少不會造成損失。

【警告】：「飛鳥以凶」，如果貿然投入資源想要獲取更大的利益，會慘遭挫敗。

【建議】：如果是投資事業或必須根本上改變現況等風險高的事情，請暫且擱置，以避免損失持續擴大。可延至時序「立春／雨水」再行占卜；或有再次觸動轉變的契機，意猶未決時進行占卜。

742 六二，過其祖，遇其妣；不及其君，遇其臣，无咎。
〈象〉曰：「不及其君」，臣不可過也。

請占之事：

【現況】：六二，所疑之事預估正確。如果所疑之事已在具體進行中，當前的客觀環境對你冷漠無感，沒有助益。

【將來】：（吉）「不及其君，遇其臣」，有外緣相助，可以獲得實質的利益。

【警告】：「過其祖，遇其妣」，如果貿然投入資源想要獲取更大的利益，會慘遭挫敗。

【建議】：雖然可以從中獲益，仍以保守評估為要，不可過度樂觀。不宜投資本業以外之事業或必須根本上改變現況等風險高的事情。

743 九三，弗過防之，從或戕之，凶。〈象〉曰：「從或戕之」，凶如何也！

請占之事：

【現況】：九三，所謀之事預估正確。如果所謀之事已在具體進行中，當前的客觀環境對你有阻礙、異議、紛爭，沒有助益。

【將來】：（平）外緣助力不如預期。維持目前的情況比較有利，至少不會造成損失。

【警告】：「弗過防之，從或戕之，凶」，如果貿然投入資源想要獲取更大的利益，會慘遭挫敗。

【建議】：如果是投資事業或必須根本上改變現況等風險高的事情，請暫且擱置，以避免損失持續擴大。可延至時序「立春／雨水」再行占卜；或有再次觸動轉變的契機，意猶未決時進行占卜。

744 九四，无咎，弗過遇之；往厲必戒，勿用，永貞。〈象〉曰：「弗過遇之」，位不當也；「往厲必戒」，終不可長也。

請占之事：

【現況】：九四，所謀之事預估偏失。如果所謀之事已在具體進行中，當前的客觀環境對你有阻礙、異議、紛爭，沒有助益。

【將來】：（平）「永貞」，外緣助力不如預期。維持目前的情況比較有利，至少不會造成損失。

【警告】：「弗過遇之，往厲必戒，勿用」，如果貿然投入

資源想要獲取更大的利益，會慘遭挫敗。

【建議】：如果是投資事業或必須根本上改變現況等風險高的事情，請暫且擱置，以避免損失持續擴大。可延至時序「立春／雨水」再行占卜；或有再次觸動轉變的契機，意猶未決時進行占卜。

745 六五，密雲不雨，自我西郊；公弋取彼在穴。〈象〉曰：「密雲不雨」，已上也。

請占之事：

【現況】：六五，所疑之事預估偏失。如果所疑之事已在具體進行中，當前的客觀環境對你冷漠無感，沒有助益。

【將來】：（吉）「公弋取彼在穴」，投入現有的資源，爭取有能力、有條件的人事物支持，獲取更大的利益。

【建議】：得天之時，得人之助，得地之宜。可從事投資事業或根本上改變現況等風險高的事情。

746 上六，弗遇過之；飛鳥離之，凶，是謂災眚。〈象〉曰：「弗遇過之」，已亢也。

請占之事：

【現況】：上六，所疑之事預估正確。如果所疑之事已在具體進行中，當前的客觀環境對你冷漠無感，沒有助益。

【將來】：（凶）「弗遇過之」，維持目前的情況比較有利，至少不會造成損失。

【警告】：「飛鳥離之，凶，是謂災眚」，如果貿然投入資源想要獲取更大的利益，會慘遭挫敗。

【建議】：如果是投資事業或必須根本上改變現況等風險高的事情，請暫且擱置，以避免損失持續擴大。可延至時序「立春／雨水」再行占卜；或有再次觸動轉變的契機，意猶未決時進行占卜。

☶ 艮下，巽上。風山　漸（75）

751 初六，鴻漸于干；小子厲，有言，无咎。〈象〉曰：小子之厲，義无咎也。

請占之事：

【現況】：初六，所疑之事預估偏失。如果所疑之事已在具體進行中，當前的客觀環境對你冷漠無感，沒有助益。

【將來】：（平）「小子厲」，維持目前的情況比較有利，至少不會造成損失。

【建議】：如果是投資事業或必須根本上改變現況等風險高的事情，請暫且擱置，以避免損失持續擴大。可延至時序「立春／雨水」再行占卜；或有再次觸動轉變的契機，意猶未決時進行占卜。

752 六二，鴻漸于磐，飲食衎衎，吉。〈象〉曰：「飲食衎衎」，不素飽也。

請占之事：

【現況】：六二，所疑之事預估正確。如果所疑之事已在具體進行中，當前的客觀環境對你冷漠無感，沒有助益。

【將來】：（吉）「飲食衎衎，吉」，有外緣相助，可以獲

得實質的利益。

【建議】：雖然可以從中獲益，仍以保守評估為要，不可過度樂觀。不宜投資本業以外之事業或必須根本上改變現況等風險高的事情。

---

753 九三，鴻漸于陸，夫征不復，婦孕不育，凶；利禦寇。〈象〉曰：「夫征不復」，離群醜也；「婦孕不育」，失其道也；「利用禦寇」，

請占之事：

【現況】：九三，所謀之事預估正確。如果所謀之事已在具體進行中，當前的客觀環境對你看似有利，實而無益。

【將來】：（平）「利禦寇」，自我克制，不要受到外在人事物誘惑。維持目前的情況比較有利，至少不會造成損失。

【警告】：「夫征不復，婦孕不育，凶」，如果貿然投入資源想要獲取更大的利益，會慘遭挫敗。

【建議】：如果是投資事業或必須根本上改變現況等風險高的事情，請暫且擱置，以避免損失持續擴大。可延至時序「立春／雨水」再行占卜；或有再次觸動轉變的契機，意猶未決時進行占卜。

---

754 六四，鴻漸于木，或得其桷，无咎。〈象〉曰：「或得其桷」，順以巽也。

請占之事：

【現況】：六四，所疑之事預估正確。如果所疑之事已在具體進行中，當前的客觀環境對你看似有利，實而無益。

【將來】：（吉）「或得其桷，无咎」，有外緣相助，可以
獲得實質的利益。

【建議】：雖然可以從中獲益，仍以保守評估為要，不可過
度樂觀。不宜投資本業以外之事業或必須根本上改變現況等
風險高的事情。

755 九五，鴻漸于陵，婦三歲不孕；終莫之勝，吉。
〈象〉曰：「終莫之勝吉」，得所願也。

請占之事：

【現況】：九五，所謀之事預估正確。如果所謀之事已在具
體進行中，當前的客觀環境對你有阻礙、異議、紛爭，沒有
助益。

【將來】：（平）「終莫之勝，吉」，外緣助力不如預期。
維持目前的情況比較有利，至少不會造成損失。

【建議】：如果是投資事業或必須根本上改變現況等風險高
的事情，請暫且擱置，以避免損失持續擴大。可延至時序
「立春／雨水」再行占卜；或有再次觸動轉變的契機，意猶
未決時進行占卜。

756 上九，鴻漸于陸，其羽可用為儀，吉。〈象〉曰：
「其羽可用為儀吉」，不可亂也。

請占之事：

【現況】：上九，所謀之事預估偏失。如果所謀之事已在具
體進行中，當前的客觀環境對你有阻礙、異議、紛爭，沒有
助益。

【將來】：（吉）「其羽可用為儀，吉」，保守評估，量力而為，投入現有的資源，化解歧見，建立共識，爭取有能力、有條件的人事物支持。

【建議】：得天之時，得人之助。保守評估，量力而為，可從事投資事業或根本上改變現況等風險高的事情。

☵ 艮下，坎上。水山 蹇（76）

761 初六，往蹇，來譽。〈象〉曰：「往蹇來譽」，宜待也。

請占之事：

【現況】：初六，所疑之事預估偏失。如果所疑之事已在具體進行中，當前的客觀環境對你冷漠無感，沒有助益。

【將來】：（吉）「往蹇來譽」，有意外的外緣主動相助，可以獲得實質的利益。

【建議】：雖然可以從中獲益，仍不宜投資本業以外之事業或必須根本上改變現況等風險高的事情。

762 六二，王臣蹇蹇，匪躬之故。〈象〉曰：「王臣蹇蹇」，終无尤也。

請占之事：

【現況】：六二，所疑之事方向正確。如果所疑之事已在具體進行中，當前的客觀環境對你無助力，冷漠無感。

【將來】：（吉）「終无尤也」，有外緣相助，可以獲得實質的利益。

【警告】：「王臣蹇蹇，匪躬之故」，除非不計個人利益得失，義無反顧。否則貿然投入資源想要獲取更大的利益，會慘遭挫敗。

【建議】：雖然可以從中獲益，仍以保守評估為要，不可過度樂觀。不宜投資本業以外之事業或必須根本上改變現況等風險高的事情。

763 九三，往蹇，來反。〈象〉曰：「往蹇來反」，內喜之也。

請占之事：

【現況】：九三，所謀之事預估正確。如果所謀之事已在具體進行中，當前的客觀環境對你看似有利，實而無益。

【將來】：（吉）「來反」，爭取有能力、有條件的人事物支持，投入既有的資源重新出發。可以考慮另起爐灶。

【警告】：「往蹇」，如果貿然投入資源想要獲取更大的利益，會慘遭挫敗。

【建議】：得人之助，得地之宜。保守評估，量力而為、以退為進的原則，可從事投資事業或根本上改變現況等風險高的事情。

764 六四，往蹇，來連。〈象〉曰：「往蹇來連」，當位實也。

請占之事：

【現況】：六四，所疑之事預估正確。如果所疑之事已在具體進行中，當前的客觀環境對你看似有利，實而無益。

【將來】：（吉）「往蹇來連」，有外緣相助，可以獲得實質的利益。

【建議】：雖然可以從中獲益，仍以保守評估為要，不可過度樂觀。不宜投資本業以外之事業或必須根本上改變現況等風險高的事情。

765 九五，大蹇，朋來。〈象〉曰：「大蹇朋來」，以中節也。

請占之事：

【現況】：九五，所謀之事預估正確。如果所謀之事已在具體進行中，當前的客觀環境對你不如預期，助力有限。

【將來】：（平）「大蹇朋來」，外緣助力不如預期。維持目前的情況比較有利，至少不會造成損失。

【建議】：如果是投資事業或必須根本上改變現況等風險高的事情，請暫且擱置，以避免損失持續擴大。可延至時序「大雪／冬至」再行占卜；或有再次觸動轉變的契機，意猶未決時進行占卜。

766 上六，往蹇，來碩；吉，利見大人。〈象〉曰：「往蹇來碩」，志在內也；「利見大人」，以從貴也。

請占之事：

【現況】：上六，所疑之事預估正確。如果所疑之事已在具體進行中，當前的客觀環境對你有所牽制，停滯不前。

【將來】：（吉）「來碩」，保守評估，量力而為，投入現有的資源，爭取有能力、有條件的人事物支持。

【建議】：得天之時，得人之助。保守評估，量力而為，可從事投資事業或根本上改變現況等風險高的事情。

☶ 艮下，艮上。艮　為山（77）

771 初六，艮其趾，无咎，利永貞。〈象〉曰：「艮其趾」，未失正也。

請占之事：

【現況】：初六，所疑之事預估偏失。如果所疑之事已在具體進行中，當前的客觀環境對你冷漠無感，沒有助益。

【將來】：（平）「利永貞」，維持目前的情況比較有利，至少不會造成損失。

【建議】：如果是投資事業或必須根本上改變現況等風險高的事情，請暫且擱置，以避免損失持續擴大。可延至時序「立冬／小雪」再行占卜；或有再次觸動轉變的契機，意猶未決時進行占卜。

772 六二，艮其腓，不拯其隨，其心不快。〈象〉曰：「不拯其隨」，未退聽也。

請占之事：

【現況】：六二，所疑之事預估正確。如果所疑之事已在具體進行中，當前的客觀環境對你冷漠無感，沒有助益。

【將來】：（吉）「艮其腓」，有外緣相助，可以獲得實質的利益。

【警告】：「不拯其隨」，自我克制，不要受到外在人事物

誘惑。維持目前的情況比較有利，至少不會造成損失。

【建議】：雖然可以從中獲益，仍以保守評估為要，不可過度樂觀。不宜投資本業以外之事業或必須根本上改變現況等風險高的事情。

---

773 九三，艮其限，列其夤，厲熏心。〈象〉曰：「艮其限」，危熏心也。

請占之事：

【現況】：九三，所謀之事預估正確。如果所謀之事已在具體進行中，當前的客觀環境對你看似有利，實而無益。

【將來】：（平）「艮其限」，維持目前的情況比較有利，至少不會造成損失。

【警告】：「列其夤，厲熏心」，自我克制，不要受到外在人事物誘惑。維持目前的情況比較有利，至少不會造成損失。

【建議】：如果是投資事業或必須根本上改變現況等風險高的事情，請暫且擱置，以避免損失持續擴大。可延至時序「立冬／小雪」再行占卜；或有再次觸動轉變的契機，意猶未決時進行占卜。

---

774 六四，艮其身，无咎。〈象〉曰：「艮其身」，止諸躬也。

請占之事：

【現況】：六四，所疑之事預估偏失。如果所疑之事已在具體進行中，當前的客觀環境對你看似有利，實而無益。

【將來】：（平）「艮其身」，維持目前的情況比較有利，至少不會造成損失。

【建議】：如果是投資事業或必須根本上改變現況等風險高的事情，請暫且擱置，以避免損失持續擴大。可延至時序「立冬／小雪」再行占卜；或有再次觸動轉變的契機，意猶未決時進行占卜。

775 六五，艮其輔，言有序，悔亡。〈象〉曰：「艮其輔」，以中正也。

請占之事：

【現況】：六五，所疑之事預估偏失。如果所疑之事已在具體進行中，當前的客觀環境對你助力有實質利益。

【將來】：（平）「艮其輔」，維持目前的情況比較有利，至少不會造成損失。

【建議】：如果是投資事業或必須根本上改變現況等風險高的事情，請暫且擱置，以避免損失持續擴大。可延至時序「立冬／小雪」再行占卜；或有再次觸動轉變的契機，意猶未決時進行占卜。

776 上九，敦艮，吉。〈象〉曰：「敦艮之吉」，以厚終也。

請占之事：

【現況】：上九，所謀之事預估偏失。如果所謀之事已在具體進行中，當前的客觀環境對你不如預期，助力有限。

【將來】：（平）「敦艮之吉」，維持目前的情況比較有

利，至少不會造成損失。

【建議】：如果是投資事業或必須根本上改變現況等風險高的事情，請暫且擱置，以避免損失持續擴大。可延至時序「立冬／小雪」再行占卜；或有再次觸動轉變的契機，意猶未決時進行占卜。

艮下，坤上。地山　謙（78）

781 初六，謙謙；君子用涉大川；吉。〈象〉曰：謙謙；君子卑以自牧也。

請占之事：

【現況】：初六，所疑之事預估偏失。如果所疑之事已在具體進行中，當前的客觀環境對你冷漠無感，沒有助益。

【將來】：（吉）「君子用涉大川；吉」，有意外的外緣主動相助，可以獲得實質的利益。

【建議】：雖然可以從中獲益，仍不宜投資本業以外之事業或必須根本上改變現況等風險高的事情。

782 六二，鳴謙，貞吉。〈象〉曰：「鳴謙貞吉」，中心得也。

請占之事：

【現況】：六二，所疑之事預估正確。如果所疑之事已在具體進行中，當前的客觀環境對你冷漠無感，沒有助力。

【將來】：（吉）「鳴謙貞吉」，有外緣相助，可以獲得實質的利益。

【建議】：雖然可以從中獲益，仍以保守評估為要，不可過度樂觀。不宜投資本業以外之事業或必須根本上改變現況等風險高的事情。

|783| 九三，勞謙，君子有終，吉。〈象〉曰：「勞謙君子」，萬民服也。

請占之事：

【現況】：九三，所謀之事預估正確。如果所謀之事已在具體進行中，當前的客觀環境對你不如預期，助力有限。

【將來】：（吉）「君子有終，吉」，爭取有能力、有條件的人事物支持，投入既有的資源重新出發。可以考慮另起爐灶。

【建議】：得人之助，得地之宜。保守評估，量力而為、以退為進的原則，可從事投資事業或根本上改變現況等風險高的事情。

|784| 六四，无不利，撝謙。〈象〉曰：「无不利撝謙」，不違則也。

請占之事：

【現況】：六四，所疑之事預估正確。如果所疑之事已在具體進行中，當前的客觀環境對你看似有利，實而無益。

【將來】：（吉）「无不利，撝謙」，爭取有能力、有條件的人事物支持，投入既有的資源重新出發。可以考慮另起爐灶。

【建議】：得人之助，得地之宜。保守評估，量力而為、以

退為進的原則，可從事投資事業或根本上改變現況等風險高的事情。

---

785 六五，不富，以其鄰利用侵伐，无不利。〈象〉曰：「利用侵伐」，征不服也。

請占之事：

【現況】：六五，所疑之事預估偏失。如果所疑之事已在具體進行中，當前的客觀環境對你冷漠無感，沒有助益。

【將來】：（吉）「以其鄰利用侵伐，无不利」，投入現有的資源，獲取更大的利益。化解歧見，建立共識，爭取有能力、有條件的人事物支持，發揮群策群力的力量，共圖事業。優勢在我方，順勢而為。

【建議】：得天之時，得人之助，得地之宜。可從事投資事業或根本上改變現況等風險高的事情。

---

786 上六，鳴謙，利用行師、征邑國。〈象〉曰：「鳴謙」，志未得也；可用行師，征邑國也。

請占之事：

【現況】：上六，所疑之事預估正確。如果所疑之事已在具體進行中，當前的客觀環境對你冷漠無感，沒有助益。

【將來】：（吉）「利用行師、征邑國」，投入現有的資源，獲取更大的利益。化解歧見，建立共識，爭取有能力、有條件的人事物支持，發揮群策群力的力量，共圖事業。優勢在我方，順勢而為。

【建議】：得天之時，得人之助，得地之宜。可從事投資事

業或根本上改變現況等風險高的事情。

☰ 坤下，乾上。天地 否（81）

811 初六，拔茅茹，以其彙；貞吉，亨。〈象〉曰：拔茅
貞吉，志在君也。

請占之事：

【現況】：初六，所疑之事預估偏失。如果所疑之事已在具
體進行中，當前的客觀環境對你冷漠無感，沒有助益。

【將來】：（吉）「拔茅貞吉」，有意外的外緣主動相助，
可以獲得實質的利益。

【建議】：雖然可以從中獲益，仍不宜投資本業以外之事業
或必須根本上改變現況等風險高的事情。

812 六二，包承，小人吉；大人否，亨。〈象〉曰：「大
人否亨」，不亂群也。

請占之事：

【現況】：六二，所疑之事預估正確。如果所疑之事已在具
體進行中，當前的客觀環境對你冷漠無感，沒有助益。

【將來】：（吉）「小人吉」，有意外的外緣主動相助，可
以獲得實質的利益。

【建議】：雖然可以從中獲益，仍不宜投資本業以外之事業
或必須根本上改變現況等風險高的事情。

813 六三，包羞。〈象〉曰：「包羞」，位不當也。

請占之事：

【現況】：六三，所疑之事預估偏失。如果所疑之事已在具體進行中，當前的客觀環境對你看似有利，實而無益。

【將來】：（平）「包羞」，維持目前的情況比較有利，至少不會造成損失。

【建議】：如果是投資事業或必須根本上改變現況等風險高的事情，請暫且擱置，以避免損失持續擴大。可延至時序「立秋／處暑」再行占卜；或有再次觸動轉變的契機，意猶未決時進行占卜。

814 九四，有命无咎，疇離祉。〈象〉曰：「有命无咎」，志行也。

請占之事：

【現況】：九四，所謀之事預估偏失。如果所疑之事已在具體進行中，當前的客觀環境對你看似有利，實而無益。

【將來】：（吉）「有命无咎」，爭取有能力、有條件的人事物支持，投入既有的資源重新出發。可以考慮另起爐灶。

【建議】：得人之助，得地之宜。保守評估，量力而為、以退為進的原則，可從事投資事業或根本上改變現況等風險高的事情。

815 九五，休否，大人吉；其亡其亡，繫于苞桑。〈象〉曰：大人之吉，位正當也。

請占之事：

【現況】：九五，所謀之事預估正確。如果所謀之事已在具

體進行中,當前的客觀環境對你有阻礙、異議、紛爭,沒有
助益。

【將來】:(吉)「休否,大人吉」,投入現有的資源,獲
取更大的利益。化解歧見,建立共識,爭取有能力、有條件
的人事物支持,發揮群策群力的力量,共圖事業。優勢在我
方,順勢而為。

【警告】:「其亡其亡,繫于苞桑」,如果安於現狀,被動
等待,損失會持續擴大。

【建議】:得天之時,得人之助,得地之宜。可從事投資事
業或根本上改變現況等風險高的事情。

816 上九,傾否;先否後喜。〈象〉曰:否終則傾,何可
長也?

請占之事:

【現況】:上九,所謀之事預估偏失。如果所謀之事已在具
體進行中,當前的客觀環境對你有阻礙、異議、紛爭,沒有
助益。

【將來】:(吉)「先否後喜」,投入現有的資源,獲取更
大的利益。化解歧見,建立共識,爭取有能力、有條件的人
事物支持,發揮群策群力的力量,共圖事業。優勢在我方,
順勢而為。

【建議】:得天之時,得人之助,得地之宜。可從事投資事
業或根本上改變現況等風險高的事情。

☷ 坤下，兌上。澤地 萃（82）

821 初六，有孚不終。乃亂乃萃；若號，一握為笑；勿恤，往无咎。〈象〉曰：「乃亂乃萃」，其志亂也。

請占之事：

【現況】：初六，所疑之事預估偏失。如果所疑之事已在具體進行中，當前的客觀環境對你冷漠無感，沒有助益。

【將來】：（吉）「若號，一握為笑」，投入現有的資源，獲取更大的利益。化解歧見，建立共識，爭取有能力、有條件的人事物支持，發揮群策群力的力量，共圖事業。優勢在我方，順勢而為。

【警告】：「乃亂乃萃」，如果安於現狀，被動等待，損失會持續擴大。

【建議】：得地之宜，得人之助，得天之時。可從事投資事業或根本上改變現況等風險高的事情。

822 六二，引吉，无咎；孚乃利用禴。〈象〉曰：「引吉无咎」，中未變也。

請占之事：

【現況】：六二，所疑之事預估正確。如果所疑之事已在具體進行中，當前的客觀環境對你冷漠無感，沒有助益。

【將來】：（吉）「引吉，无咎」，投入現有的資源，獲取更大的利益。化解歧見，建立共識，爭取有能力、有條件的人事物支持，發揮群策群力的力量，共圖事業。優勢在我

方，順勢而為。

【建議】：得地之宜，得人之助，得天之時。可從事投資事業或根本上改變現況等風險高的事情。

---

823 六三，萃如嗟如，无攸利；往无咎，小吝。〈象〉曰：「往无咎」，上巽也。

請占之事：

【現況】：六三，所疑之事預估偏失。如果所疑之事已在具體進行中，當前的客觀環境對你看似有利，實而無益。

【將來】：（吉）「往无咎，小吝」，投入現有的資源，獲取更大的利益。化解歧見，建立共識，爭取有能力、有條件的人事物支持，發揮群策群力的力量，共圖事業。優勢在我方，順勢而為。

【警告】：「萃如嗟如，无攸利」，如果安於現狀，被動等待，損失會持續擴大。

【建議】：得人之助，得天之時。可從事投資事業或根本上改變現況等風險高的事情。

---

824 九四，大吉，无咎。〈象〉曰：「大吉无咎」，位不當也。

請占之事：

【現況】：九四，所謀之事預估偏失。如果所謀之事已在具體進行中，當前的客觀環境對你不如預期，助力有限。

【將來】：（吉）「大吉无咎」，投入現有的資源，獲取更大的利益。化解歧見，建立共識，爭取有能力、有條件的人

事物支持，發揮群策群力的力量，共圖事業。優勢在我方，順勢而為。

【建議】：得人之助，得天之時。保守評估，量力而為，可從事投資事業或根本上改變現況等風險高的事情。

---

825 九五，萃有位，无咎，匪孚；元永貞，悔亡。〈象〉曰：「萃有位」，志未光也。

請占之事：

【現況】：九五，所謀之事預估正確。如果所謀之事已在具體進行中，當前的客觀環境對你不如預期，助力有限。

【將來】：（平）「元永貞，悔亡」，維持目前的情況比較有利，至少不會造成損失。

【建議】：如果是投資事業或必須根本上改變現況等風險高的事情，請暫且擱置，以避免損失持續擴大。可延至時序「白露／秋分」再行占卜；或有再次觸動轉變的契機，意猶未決時進行占卜。

---

826 上六，齎咨涕洟，无咎。〈象〉曰：「齎咨涕洟」，未安上也。

請占之事：

【現況】：上六，所疑之事預估正確。如果所疑之事已在具體進行中，當前的客觀環境對你有所牽制，停滯不前。

【將來】：（平）「齎咨涕洟，無咎」，處境艱難，與其盲從躁動，不如維持目前的情況控管損害，不至損失持續擴大。

【建議】：如果是投資事業或必須根本上改變現況等風險高的事情，請暫且擱置，以避免損失持續擴大。可延至時序「白露／秋分」再行占卜；或有再次觸動轉變的契機，意猶未決時進行占卜。

坤下，離上。火地　晉（83）

831 初六，晉如摧如，貞吉；罔孚，裕无咎。〈象〉曰：「晉如摧如」，獨行正也；「裕无咎」，未受命也。

請占之事：

【現況】：初六，所疑之事預估偏失。如果所疑之事已在具體進行中，當前的客觀環境對你冷漠無感，沒有助益。

【將來】：（平）「貞吉」，維持目前的情況比較有利，至少不會造成損失。

【建議】：如果是投資事業或必須根本上改變現況等風險高的事情，請暫且擱置，以避免損失持續擴大。可延至時序「驚蟄／春分」再行占卜；或有再次觸動轉變的契機，意猶未決時進行占卜。

832 六二，晉如愁如，貞吉；受茲介福，于其王母。〈象〉曰：「受茲介福」，以中正也。

請占之事：

【現況】：六二，所疑之事預估正確。如果所疑之事已在具體進行中，當前的客觀環境對你冷漠無感，沒有助益。

【將來】：（吉）「貞吉」，有外緣相助，可以獲得實質的

利益。

【建議】：雖然可以從中獲益，仍不宜投資本業以外之事業或必須根本上改變現況等風險高的事情。

833 六三，眾允，悔亡。〈象〉曰：眾允之志，上行也。

請占之事：

【現況】：六三，所疑之事預估偏失。如果所疑之事已在具體進行中，當前的客觀環境對你看似有利，實而無益。

【將來】：（平）「悔亡」，維持目前的情況比較有利，至少不會造成損失。

【警告】：「眾允」，自我克制，不要受到外在人事物誘惑。維持目前的情況比較有利，至少不會造成損失。

【建議】：如果是投資事業或必須根本上改變現況等風險高的事情，請暫且擱置，以避免損失持續擴大。可延至時序「驚蟄／春分」再行占卜；或有再次觸動轉變的契機，意猶未決時進行占卜。

834 九四，晉如鼫鼠，貞厲。〈象〉曰：「鼫鼠貞厲」，位不當也。

請占之事：

【現況】：九四，所謀之事預估偏失。如果所謀之事已在具體進行中，當前的客觀環境對你看似有利，實而無益。

【將來】：（平）「貞厲」，自我克制，不要受到外在人事物誘惑。維持目前的情況比較有利，至少不會造成損失。

【警告】：「晉如鼫鼠」，如果貿然投入資源想要獲取更大

的利益，會慘遭挫敗。

【建議】：如果是投資事業或必須根本上改變現況等風險高的事情，請暫且擱置，以避免損失持續擴大。可延至時序「驚蟄／春分」再行占卜；或有再次觸動轉變的契機，意猶未決時進行占卜。

|835| 六五，悔亡，得失勿恤；往吉，无不利。〈象〉曰：「失得勿恤」，往有慶也。

請占之事：

【現況】：六五，所疑之事預估偏失。如果所疑之事已在具體進行中，當前的客觀環境對你助力有實質利益。

【將來】：（吉）「往吉，无不利」，投入現有的資源，獲取更大的利益。爭取有能力、有條件的人事物支持，發揮群策群力的力量，共圖事業。優勢在我方，順勢而為。

【建議】：得天之時，得人之助。可從事投資事業或根本上改變現況等風險高的事情。

|836| 上九，晉其角，維用伐邑，厲吉，无咎；貞吝。〈象〉曰：「維用伐邑」，道未光也。

請占之事：

【現況】：上九，所謀之事預估偏失。如果所謀之事已在具體進行中，當前的客觀環境對你不如預期，助力有限。

【將來】：（吉）「維用伐邑」，投入現有的資源，獲取更大的利益。化解歧見，建立共識，爭取有能力、有條件的人事物支持，發揮群策群力的力量，共圖事業。優勢在我方，

順勢而為。

【建議】：得天之時，得人之助。可從事投資事業或根本上改變現況等風險高的事情。

䷏ 坤下，震上。雷地　豫（84）

841 初六，鳴豫，凶。〈象〉曰：「初六鳴豫」，志窮凶也。

請占之事：

【現況】：初六，所疑之事預估偏失。如果所疑之事已在具體進行中，當前的客觀環境對你冷漠無感，沒有助益。

【將來】：（平）維持目前的情況比較有利，至少不會造成損失。

【警告】：「鳴豫，凶」，如果貿然投入資源想要獲取更大的利益，會慘遭挫敗。

【建議】：如果是投資事業或必須根本上改變現況等風險高的事情，請暫且擱置，以避免損失持續擴大。可延至時序「清明／穀雨」再行占卜；或有再次觸動轉變的契機，意猶未決時進行占卜。

842 六二，介于石，不終日，貞吉。〈象〉曰：「不終日貞吉」，以中正也。

請占之事：

【現況】：六二，所疑之事預估正確。如果所疑之事已在具體進行中，當前的客觀環境對你冷漠無感，沒有助益。

【將來】：（平）「介于石」、「貞吉」，維持目前的情況比較有利，至少不會造成損失。

【建議】：如果是投資事業或必須根本上改變現況等風險高的事情，請暫且擱置，以避免損失持續擴大。可延至時序「清明／穀雨」再行占卜；或有再次觸動轉變的契機，意猶未決時進行占卜。

843　六三，盱豫，悔；遲有悔。〈象〉曰：盱豫有悔，位不當也。

請占之事：

【現況】：六三，所疑之事預估偏失。如果所疑之事已在具體進行中，當前的客觀環境對你看似有利，實而無益。

【將來】：（平）維持目前的情況比較有利，至少不會造成損失。

【警告】：「盱豫有悔」，如果貿然投入資源想要獲取更大的利益，會慘遭挫敗。

【建議】：如果是投資事業或必須根本上改變現況等風險高的事情，請暫且擱置，以避免損失持續擴大。可延至時序「清明／穀雨」再行占卜；或有再次觸動轉變的契機，意猶未決時進行占卜。

844　九四，由豫，大有得；勿疑，朋盍簪。〈象〉曰：「由豫大有得」，志大行也。

請占之事：

【現況】：九四，所謀之事預估偏失。如果所謀之事已在具

體進行中，當前的客觀環境對你看似有利，實而無益。

【將來】：（平）「朋盍簪」，外緣助力不如預期。維持目前的情況比較有利，至少不會造成損失。

【建議】：如果是投資事業或必須根本上改變現況等風險高的事情，請暫且擱置，以避免損失持續擴大。可延至時序「清明／穀雨」再行占卜；或有再次觸動轉變的契機，意猶未決時進行占卜。

845 六五，貞疾；恆不死。〈象〉曰：六五「貞疾」，乘剛也；「恆不死」，中未亡也。

請占之事：

【現況】：六五，所疑之事預估偏失。如果所疑之事已在具體進行中，當前的客觀環境對你冷漠無感，沒有助益。

【將來】：（平）「貞疾，恆不死」，外在環境有所牽制，停滯不前。維持目前的情況比較有利，至少不會造成損失。

【建議】：如果是投資事業或必須根本上改變現況等風險高的事情，請暫且擱置，以避免損失持續擴大。可延至時序「清明／穀雨」再行占卜；或有再次觸動轉變的契機，意猶未決時進行占卜。

846 上六，冥豫成，有渝无咎。〈象〉曰：冥豫在上，何可長也？

請占之事：

【現況】：上六，所疑之事預估正確。如果所疑之事已在具體進行中，當前的客觀環境對你冷漠無感，沒有助益。

【將來】：（平）「有渝无咎」，改正盲從躁動的想法。維持目前的情況比較有利，至少不會造成損失。

【建議】：如果是投資事業或必須根本上改變現況等風險高的事情，請暫且擱置，以避免損失持續擴大。可延至時序「清明／穀雨」再行占卜；或有再次觸動轉變的契機，意猶未決時進行占卜。

坤下，巽上。風地　觀（85）

851　初六，童觀，小人无咎；君子吝。〈象〉曰：初六「童觀」，小人道也。

請占之事：

【現況】：初六，所疑之事預估偏失。如果所疑之事已在具體進行中，當前的客觀環境對你冷漠無感，沒有助益。

【將來】：（吉）「童觀，小人无咎」，有意外的外緣主動相助，可以獲得實質的利益。

【警告】：「君子吝」，如果貿然投入資源想要獲取更大的利益，會慘遭挫敗。

【建議】：雖然可以從中獲益，仍不宜投資本業以外之事業或必須根本上改變現況等風險高的事情。

852　六二，闚觀，利女貞。〈象〉曰：闚觀女貞，亦可醜也。

請占之事：

【現況】：六二，所疑之事預估正確。如果所疑之事已在具

體進行中，當前的客觀環境對你冷漠無感，沒有助益。

【將來】：（平）「闚觀，利女貞」，維持目前的情況比較有利，至少不會造成損失。

【建議】：如果是投資事業或必須根本上改變現況等風險高的事情，請暫且擱置，以避免損失持續擴大。可延至時序「白露／秋分」再行占卜；或有再次觸動轉變的契機，意猶未決時進行占卜。

---

853 六三，觀我生，進退。〈象〉曰：「觀我生進退」，未失道也。

請占之事：

【現況】：六三，所疑之事預估偏失。如果所疑之事已在具體進行中，當前的客觀環境對你冷漠無感，沒有助益。

【將來】：（平）「進退」，自我克制，不要受到外在人事物誘惑。維持目前的情況比較有利，至少不會造成損失。

【建議】：如果是投資事業或必須根本上改變現況等風險高的事情，請暫且擱置，以避免損失持續擴大。可延至時序「白露／秋分」再行占卜；或有再次觸動轉變的契機，意猶未決時進行占卜。

---

854 六四，觀國之光，利用賓于王。〈象〉曰：「觀國之光」，尚賓也。

請占之事：

【現況】：六四，所疑之事預估正確。如果所疑之事已在具體進行中，當前的客觀環境對你冷漠無感，沒有助益。

【將來】：（吉）「利用賓于王」，有意外的外緣主動相助，可以獲得實質的利益。

【建議】：雖然可以從中獲益，仍不宜投資本業以外之事業或必須根本上改變現況等風險高的事情。

---

855 九五，觀我生，君子无咎。〈象〉曰：「觀我生」，觀民也。

請占之事：

【現況】：九五，所謀之事預估正確。如果所謀之事已在具體進行中，當前的客觀環境對你有阻礙、異議、紛爭，沒有助益。

【將來】：（吉）「君子无咎」、「觀民」，投入現有的資源，爭取有能力、有條件的人事物支持，獲取更大的利益。

【建議】：得天之時，得人之助，得地之宜。可從事投資事業或根本上改變現況等風險高的事情。

---

856 上九，觀其生，君子无咎。〈象〉曰：「觀其生」，志未平也。

請占之事：

【現況】：上九，所謀之事預估偏失。如果所謀之事已在具體進行中，當前的客觀環境對你有阻礙、異議、紛爭，沒有助益。

【將來】：（吉）「君子无咎」、「志未平」，投入現有的資源，獲取更大的利益。化解歧見，建立共識，爭取有能力、有條件的人事物支持，發揮群策群力的力量，共圖事

業。優勢在我方，順勢而為。

【建議】：得天之時，得人之助，得地之宜。可從事投資事業或根本上改變現況等風險高的事情。

☷☵ **坤下，坎上。水地 比（86）**

861 初六，有孚比之，无咎；有孚盈缶，終來有他，吉。
〈象〉曰：比之初六，有他吉也。

請占之事：

【現況】：初六，所疑之事預估偏失。如果所疑之事已在具體進行中，當前的客觀環境對你冷漠無感，沒有助益。

【將來】：（吉）「終來有他，吉」，有意外的外緣主動相助，可以獲得實質的利益。

【建議】：雖然可以從中獲益，仍不宜投資本業以外之事業或必須根本上改變現況等風險高的事情。

862 六二，比之自內，貞吉。〈象〉曰：「比之自內」，不自失也。

請占之事：

【現況】：六二，所疑之事預估正確。如果所疑之事已在具體進行中，當前的客觀環境對你冷漠無感，沒有助益。

【將來】：（平）「比之自內，貞吉」，維持目前的情況比較有利，至少不會造成損失。

【建議】：如果是投資事業或必須根本上改變現況等風險高的事情，請暫且擱置，以避免損失持續擴大。可延至時序

「立夏／小滿」再行占卜；或有再次觸動轉變的契機，意猶未決時進行占卜。

863 六三，比之匪人。〈象〉曰：「比之匪人」，不亦傷乎？

請占之事：

【現況】：六三，所疑之事預估偏失。如果所疑之事已在具體進行中，當前的客觀環境對你冷漠無感，沒有助益。

【將來】：（平）「比之匪人」，維持目前的情況比較有利，至少不會造成損失。

【建議】：如果是投資事業或必須根本上改變現況等風險高的事情，請暫且擱置，以避免損失持續擴大。可延至時序「立夏／小滿」再行占卜；或有再次觸動轉變的契機，意猶未決時進行占卜。

864 六四，外比之，貞吉。〈象〉曰：外比於賢，以從上也。

請占之事：

【現況】：六四，所疑之事預估正確。如果所疑之事已在具體進行中，當前的客觀環境對你冷漠無感，沒有助益。

【將來】：（吉）「外比之，貞吉」，有意外的外緣主動相助，可以獲得實質的利益。

【建議】：雖然可以從中獲益，仍不宜投資本業以外之事業或必須根本上改變現況等風險高的事情。

865 九五，顯比；王用三驅，失前禽，邑人不誠，吉。
〈象〉曰：「顯比」之吉，位正中也；舍逆取順，失前禽
也；「邑人不誠」，上使中也。

請占之事：

【現況】：九五，所謀之事預估正確。如果所謀之事已在具
體進行中，當前的客觀環境對你不如預期，助力有限。

【將來】：（吉）「王用三驅」，投入現有的資源，爭取有
能力、有條件的人事物支持，獲取更大的利益。

【建議】：得天之時，得人之助，得地之宜。可從事投資事
業或根本上改變現況等風險高的事情。

866 上六，比之无首，凶。〈象〉曰：「比之无首」，无
所終也。

請占之事：

【現況】：上六，所疑之事預估正確。如果所疑之事已在具
體進行中，當前的客觀環境對你有所牽制，停滯不前。

【將來】：（凶）「比之无首，凶」，處境艱難，與其盲從
躁動，不如維持目前的情況控管損害，不至損失持續擴大。

【建議】：如果是投資事業或必須根本上改變現況等風險高
的事情，請暫且擱置，以避免損失持續擴大。可延至時序
「立夏／小滿」再行占卜；或有再次觸動轉變的契機，意猶
未決時進行占卜。

䷖ 坤下，艮上。山地 剝（87）

| 871 | 初六，剝牀以足，蔑；貞凶。〈象〉曰：「剝牀以足」，以滅下也。

請占之事：

【現況】：初六，所疑之事預估偏失。如果所疑之事已在具體進行中，當前的客觀環境對你冷漠無感，沒有助益。

【將來】：（凶）「貞凶」，會有意外造成損失。

【警告】：「蔑」，如果貿然投入資源想要獲取更大的利益，會慘遭挫敗。

【建議】：如果是投資事業或必須根本上改變現況等風險高的事情，請暫且擱置，以避免損失持續擴大。可延至時序「寒露／霜降」再行占卜；或有再次觸動轉變的契機，意猶未決時進行占卜。

| 872 | 六二，剝牀以辨，蔑；貞凶。〈象〉曰：「剝牀以辨」，未有與也。

請占之事：

【現況】：六二，所疑之事預估正確。如果所疑之事已在具體進行中，當前的客觀環境對你冷漠無感，沒有助益。

【將來】：（平）「貞凶」，自我克制，不要受到外在人事物誘惑。維持目前的情況比較有利，至少不會造成損失。

【警告】：「蔑」，如果貿然投入資源想要獲取更大的利益，會慘遭挫敗。

【建議】：如果是投資事業或必須根本上改變現況等風險高的事情，請暫且擱置，以避免損失持續擴大。可延至時序「寒露／霜降」再行占卜；或有再次觸動轉變的契機，意猶未決時進行占卜。

---

873 六三，剝之，无咎。〈象〉曰：「剝之无咎」，失上下也。

請占之事：

【現況】：六三，所疑之事預估偏失。如果所疑之事已在具體進行中，當前的客觀環境對你冷漠無感，沒有助益。

【將來】：（平）「无咎」，維持目前的情況比較有利，至少不會造成損失。

【建議】：如果是投資事業或必須根本上改變現況等風險高的事情，請暫且擱置，以避免損失持續擴大。可延至時序「寒露／霜降」再行占卜；或有再次觸動轉變的契機，意猶未決時進行占卜。

---

874 六四，剝牀以膚，凶。〈象〉曰：「剝牀以膚」，切近災也。

請占之事：

【現況】：六四，所疑之事預估正確。如果所疑之事已在具體進行中，當前的客觀環境對你冷漠無感，沒有助益。

【將來】：（凶）「凶」，自我克制，不要受到外在人事物誘惑。維持目前的情況比較有利，至少不會造成損失。

【建議】：如果是投資事業或必須根本上改變現況等風險高

的事情，請暫且擱置，以避免損失持續擴大。可延至時序「寒露／霜降」再行占卜；或有再次觸動轉變的契機，意猶未決時進行占卜。

875 六五，貫魚以宮人寵，无不利。〈象〉曰：「以宮人寵」，終无尤也。

請占之事：

【現況】：六五，所疑之事預估偏失。如果所疑之事已在具體進行中，當前的客觀環境對你助力有實質利益。

【將來】：（吉）「无不利」，有意外的外緣主動相助，可以獲得實質的利益。

【建議】：雖然可以從中獲益，仍不宜投資本業以外之事業或必須根本上改變現況等風險高的事情。

876 上九，碩果不食，君子得輿，小人剝廬。〈象〉曰：「君子得輿」，民所載也；「小人剝廬」，終不可用也。

請占之事：

【現況】：上九，所謀之事預估偏失。如果所謀之事已在具體進行中，當前的客觀環境對你不如預期，助力有限。

【將來】：（吉）「君子得輿」，投入現有的資源，爭取有能力、有條件的人事物支持，獲取更大的利益。

【建議】：得天之時，得人之助，得地之宜。可從事投資事業或根本上改變現況等風險高的事情。

☷ 坤下，坤上。坤 為地（88）

881 初六，履霜，堅冰至。〈象〉曰：履霜堅冰，陰始凝也；馴致其道，至堅冰也。

請占之事：

【現況】：初六，所疑之事預估偏失。如果所疑之事已在具體進行中，當前的客觀環境對你冷漠無感，沒有助益。

【將來】：（平）「履霜」，維持目前的情況比較有利，至少不會造成損失。

【警告】：「堅冰至」，如果貿然投入資源想要獲取更大的利益，會慘遭挫敗。

【建議】：如果是投資事業或必須根本上改變現況等風險高的事情，請暫且擱置，以避免損失持續擴大。可延至時序「立冬／小雪」再行占卜；或有再次觸動轉變的契機，意猶未決時進行占卜。

882 六二，直、方、大，不習无不利。〈象〉曰：六二之動，直以方也；「不習无不利」，地道光也。

請占之事：

【現況】：六二，所疑之事預估正確。如果所疑之事已在具體進行中，當前的客觀環境對你冷漠無感，沒有助益。

【將來】：（平）「不習无不利」，維持目前的情況比較有利，至少不會造成損失。

【建議】：如果是投資事業或必須根本上改變現況等風險高的事情，請暫且擱置，以避免損失持續擴大。可延至時序

「立冬／小雪」再行占卜；或有再次觸動轉變的契機，意猶未決時進行占卜。

|883| 六三，含章可貞；或從王事，无成有終。〈象〉曰：「含章可貞」，以時發也；「或從王事」，知光大也。

請占之事：

【現況】：六三，所疑之事預估偏失。如果所疑之事已在具體進行中，當前的客觀環境對你冷漠無感，沒有助益。

【將來】：（平）「无成有終」，維持目前的情況比較有利，至少不會造成損失。

【建議】：如果是投資事業或必須根本上改變現況等風險高的事情，請暫且擱置，以避免損失持續擴大。可延至時序「立冬／小雪」再行占卜；或有再次觸動轉變的契機，意猶未決時進行占卜。

|884| 六四，括囊，无咎无譽。〈象〉曰：「括囊无咎」，慎不害也。

請占之事：

【現況】：六四，所疑之事預估正確。如果所疑之事已在具體進行中，當前的客觀環境對你冷漠無感，沒有助益。

【將來】：（平）「括囊」，維持目前的情況比較有利，至少不會造成損失。

【建議】：如果是投資事業或必須根本上改變現況等風險高的事情，請暫且擱置，以避免損失持續擴大。可延至時序「立冬／小雪」再行占卜；或有再次觸動轉變的契機，意猶

未決時進行占卜。

885 六五，黃裳，元吉。〈象〉曰：「黃裳元吉」，文在中也。

請占之事：

【現況】：六五，所疑之事預估偏失。如果所疑之事已在具體進行中，當前的客觀環境對你冷漠無感，沒有助益。

【將來】：（平）「黃裳，元吉」，維持目前的情況比較有利，至少不會造成損失。

【建議】：如果是投資事業或必須根本上改變現況等風險高的事情，請暫且擱置，以避免損失持續擴大。可延至時序「立冬／小雪」再行占卜；或有再次觸動轉變的契機，意猶未決時進行占卜。

886 上六，龍戰于野，其血玄黃。〈象〉曰：「龍戰于野」，其道窮也。

請占之事：

【現況】：上六，所疑之事預估正確。如果所疑之事已在具體進行中，當前的客觀環境對你冷漠無感，沒有助益。

【將來】：（平）「龍戰于野」，處境艱難，與其盲從躁動，不如維持目前的情況控管損害，不至損失持續擴大。

【建議】：如果是投資事業或必須根本上改變現況等風險高的事情，請暫且擱置，以避免損失持續擴大。可延至時序「立冬／小雪」再行占卜；或有再次觸動轉變的契機，意猶未決時進行占卜。

七、自我占卜演卦備忘錄

例一：

| 713 | 九三，係遯，有疾厲；畜臣妾，吉。〈象〉曰：係遯之厲，有疾憊也；「畜臣妾吉」，不可大事也。

請占之事：

【現況】：九三，所謀之事預估正確。如果所謀之事已在具體進行中，當前的客觀環境對你有阻礙、異議、紛爭，沒有助益。

【將來】：「畜臣妾，吉」，爭取有能力、有條件的人事物支持，投入既有的資源重新出發。可以考慮另起爐灶。

【警告】：「係遯，有疾厲」，如果貿然投入資源想要獲取更大的利益，會慘遭挫敗。

【建議】：得人之助，得地之宜。保守評估，量力而為、以退為進的原則，可從事投資事業或根本上改變現況等風險高的事情。

自我占卜演卦備忘錄

1.日期	2014/10/30	台北柯先生
2.請占之事	來人請占舊書改版透過便利商店銷售如何？	
3.卜得	（713）九三，係遯，有疾厲；畜臣妾，吉。〈象〉曰：係遯之厲，有疾憊也；「畜臣妾吉」，不可大事也。	

4.評斷	畜臣妾，吉。（來人沒有另起爐灶的想法） 係遯，有疾厲。（舊書改版必須再次投入一筆資金排版印刷，拿出已有的資金去創造未知的利潤，貿然投入資源想要獲取更大的利益，會慘遭挫敗。）
5.建議	停止此項合作案。 在古代臣、妾皆視同君主的資產，把這個概念轉換到請占之事，來人目前適合做的事情，就是整頓庫存的書籍，出清後轉換成為可以運用的資金，同時降低營運和庫存的壓力，這也是以退為進「畜臣妾，吉」的意義。
6.結果	來人在占卜前一個星期左右，早已安排將舊書鋪貨到一些特價通路，另有一批是給超商做特販銷售，兩者都是庫存書。冥冥之中應證了卦象所言。

例二：

815 九五，休否，大人吉；其亡其亡，繫于苞桑。〈象〉曰：大人之吉，位正當也。

請占之事：

【現況】：九五，所謀之事預估正確。如果所謀之事已在具體進行中，當前的客觀環境對你有阻礙、異議、紛爭，沒有助益。

【將來】：「休否，大人吉」，投入現有的資源，獲取更大的利益。化解歧見，建立共識，爭取有能力、有條件的人事物支持，發揮群策群力的力量，共圖事業。優勢在我方，順勢而為。

【警告】：「其亡其亡，繫于苞桑」，如果安於現狀，被動等待，損失會持續擴大。

【建議】：得天之時，得人之助，得地之宜。可從事投資事業或根本上改變現況等風險高的事情。

自我占卜演卦備忘錄

1.日期	2014/11/07	台北陳先生
2.請占之事	來人說有某作者因出版書籍自認為受到侵權因而興訟，控告對象包含了數家出版社、通路商，來人亦為被告之一，請占訴訟結果如何？	
3.卜得	（815）九五，休否，大人吉；其亡其亡，繫于苞桑。〈象〉曰：大人之吉，位正當也。	
4.評斷	休否，大人吉。（以訟止訟，可以終結官司。） 其亡其亡，繫于苞桑。（安於現狀，被動等待，損失會持續擴大。）	

5.建議	來人在優勢的一方，可贏得官司。某作者成了被終止否閉的對象，將來不僅贏不了來人的官司，也贏不了其他的官司。
6.結果	原告作者被法院駁回，出版社通路商無罪。

例三

454 六四，中行告公從，利用為依遷國。〈象〉曰：「告公從」，以益志也。

請占之事：

【現況】：六四，所疑之事預估正確。如果所疑之事已在具體進行中，當前的客觀環境對你冷漠無感，沒有助益。

【將來】：「利用為依遷國」，有外緣相助，可以獲得實質的利益。

【建議】：雖然可以從中獲益，仍以保守評估為要，不可過度樂觀。不宜投資本業以外之事業或必須根本上改變現況等風險高的事情。

自我占卜演卦備忘錄

1.日期	2014/11/07	台北吳先生
2.請占之事	來人請占出版某作者著作如何可出書否？	
3.卜得	（454）六四，中行告公從，利用為依遷國。〈象〉曰：「告公從」，以益志也。	
4.評斷	利用為依遷國（有外緣相助，可以獲得實質的利益。）	
5.建議	來人可以簽下這本書	
6.結果	事後來人電洽某作者交換出版意見，對方表示不但免版稅，發行後先行買回總數的百分之三十，最後如有剩下再買回所有庫存。來人直誇《易》卜「神準乎」！	

例四

633 六三，未濟，征凶，利涉大川。〈象〉曰：「未濟征凶」，位不當也。

請占之事：

【現況】：六三，所疑之事預估偏失。如果所疑之事已在具體進行中，當前的客觀環境對你看似有利，實而無益。

【將來】：「利涉大川」，保守評估，量力而為，爭取有能力、有條件的人事物支持，投入既有的資源重新出發。可以考慮另起爐灶。

【警告】：「征凶」，如果貿然投入資源想要獲取更大的利益，會慘遭挫敗。

【建議】：得人之助，得地之宜。保守評估，量力而為、以退為進的原則，可從事投資事業或根本上改變現況等風險高的事情。

自我占卜演卦備忘錄

1.日期	2014/12/04	台北林先生
2.請占之事	來人請占出版某一系列叢書如何？	
3.卜得	（633）六三，未濟，征凶，利涉大川。〈象〉曰：「未濟征凶」，位不當也。	
4.評斷	征凶（不是時機，出版本叢書不會獲利） 利涉大川（來人沒有另起爐灶的想法）	
5.建議	來人此案不如先保留，等時機成熟，或延至時序「大雪／冬至」時再行占卜。 「利涉大川」也可以解為整頓庫存的書籍，在這裡的意思與（713）遯卦九三的「畜臣妾，吉」雷同。	
6.結果	在等時機觀看局勢。	

例五

122 九二，惕號，莫夜有戎，勿恤。〈象〉曰：「有戎勿恤」，得中道也。

【現況】：九二，所謀之事預估偏失。如果所謀之事已在具體進行中，當前的客觀環境對你有阻礙、異議、紛爭，沒有助益。

【將來】：「勿恤」，維持目前的情況比較有利，至少不會造成損失。

【警告】：「惕號」，自我克制，不要受到外在人事物誘惑。如果貿然投入資源想要獲取更大的利益，會慘遭挫敗。

【建議】：如果是投資事業或必須根本上改變現況等風險高的事情，請暫且擱置，以避免損失持續擴大。可延至時序「清明／穀雨」再行占卜；或有再次觸動轉變的契機，意猶未決時進行占卜。

自我占卜演卦備忘錄

1.日期	2014/12/04	台北某先生
2.請占之事	來人請占出版四本著作如何？	
3.卜得	（122）九二，惕號，莫夜有戎，勿恤。〈象〉曰：「有戎勿恤」，得中道也。	
4.評斷	勿恤（不是時機，不出版比較有利） 惕號（如果貿然投入資源想要獲取更大的利益，會慘遭挫敗。）	
5.建議	暫時不要出版，後觀其變。等時機成熟，或延至時序「清明／穀雨」再行占卜。	
6.結果	在等時機觀看局勢。	

例六

<u>213</u> 六三，眇能視，跛能履，履虎尾咥人，凶；武人為于大君。〈象〉曰：「眇能視」，不足以有明也；「跛能履」，不足以與行也；咥人之凶，位不當也；「武人為于大君」，志剛也。

請占之事：

【現況】：六三，所疑之事預估偏失。如果所疑之事已在具體進行中，當前的客觀環境對你看似有利，實而無益。

【將來】：「眇能視，跛能履」，外在環境有所牽制，停滯不前。維持目前的情況比較有利，至少不會造成損失。

【警告】：「履虎尾咥人，凶」，如果貿然投入既有的資源，想要獲取更大的利益，會蒙受嚴重的損失。

【建議】：如果是投資事業或必須根本上改變現況等風險高的事情，請暫且擱置，以避免損失持續擴大。可延至時序「小暑／大暑」再行占卜；或有再次觸動轉變的契機，意猶未決時進行占卜。

自我占卜演卦備忘錄

1.日期	2014/12/04	台北某先生
2.請占之事	來人請占出版中國名家典藏集如何？	
3.卜得	（213）六三，眇能視，跛能履，履虎尾咥人，凶；武人為于大君。〈象〉曰：「眇能視」，不足以有明也；「跛能履」，不足以與行也；咥人之凶，位不當也；「武人為于大君」，志剛也。	

4.評斷	眇能視，跛能履。（不是時機，不出版比較有利） 履虎尾咥人，凶。（如果貿然投入資源想要獲取更大的 利益，會慘遭挫敗。）
5.建議	先不要出版這套叢書。等時機成熟，或延至時序「小暑 ／大暑」再行占卜。
6.結果	在等時機觀看局勢。

例七

782 六二，鳴謙，貞吉。〈象〉曰：「鳴謙貞吉」，中心得也。

請占之事：

【現況】：六二，所疑之事預估正確。如果所疑之事已在具體進行中，當前的客觀環境對你冷漠無感，沒有助力。

【將來】：「鳴謙貞吉」，有外緣相助，可以獲得實質的利益。

【建議】：雖然可以從中獲益，仍以保守評估為要，不可過度樂觀。不宜投資本業以外之事業或必須根本上改變現況等風險高的事情。

自我占卜演卦備忘錄

1.日期	2014/12/04	台北某先生
2.請占之事	來人請占出版詩賦小說典藏集如何？	
3.卜得	（782）六二，鳴謙，貞吉。〈象〉曰：「鳴謙貞吉」，中心得也。	
4.評斷	鳴謙貞吉（有外緣相助，可以獲得實質的利益。）	
5.建議	可以考慮出版這套叢書，但避免一次性大手筆的出版，畢竟在大環境的影響下，仍以保守評估為要。	
6.結果	在等時機觀看局勢。	

例八

433 六三，噬腊肉，遇毒；小吝，无咎。〈象〉曰：「遇毒」，位不當也。

請占之事：

【現況】：六三，所疑之事預估偏失。如果所疑之事已在具體進行中，當前的客觀環境對你看似有利，實而無益。

【將來】：「无咎」，維持目前的情況比較有利，至少不會造成損失。

【警告】：「噬腊肉，遇毒」，如果貿然投入資源想要獲取更大的利益，會慘遭挫敗。

【建議】：如果是投資事業或必須根本上改變現況等風險高的事情，請暫且擱置，以避免損失持續擴大。可延至時序「立冬／小雪」再行占卜；或有再次觸動轉變的契機，意猶未決時進行占卜。

自我占卜演卦備忘錄

1.日期	2014/12/04	台北某先生
2.請占之事	來人請占出版身心靈叢書如何？	
3.卜得	（433）六三，噬腊肉，遇毒；小吝，无咎。〈象〉曰：「遇毒」，位不當也。	
4.評斷	无咎（目前以不出版比較有利） 噬腊肉，遇毒。（如果貿然投入資源想要獲取更大的利益，會慘遭挫敗。）	
5.建議	暫停出版計劃。等時機成熟，或延至時序「立冬／小雪」再行占卜。	
6.結果	在等時機觀看局勢。	

八、《周易》六十四卦卦序與卦象傳

《周易》上經

卦名、卦序		卦象傳
乾 為天	01	天行健；君子以自彊不息。
坤 為地	02	地勢坤；君子以厚德載物。
水雷 **屯**	03	雲雷，屯；君子以經綸。
山水 **蒙**	04	山下出泉，蒙；君子以果行育德。
水天 **需**	05	雲上於天，需；君子以飲食宴樂。
天水 **訟**	06	天與水違行，訟；君子以作事謀始。
地水 **師**	07	地中有水，師；君子以容民畜眾。
水地 **比**	08	地上有水，比；先王以建萬國，親諸侯。
風天 **小畜**	09	風行天上，小畜；君子以懿文德。
天澤 **履**	10	上天下澤，履；君子以辨上下，定民志。
地天 **泰**	11	天地交，泰；后以財成天地之道，輔相天地之宜，以左右民。
天地 **否**	12	天地不交，否；君子以儉德辟難，不可榮以祿。
天火 **同人**	13	天與火，同人；君子以類族辨物。
火天 **大有**	14	火在天上，大有；君子以遏惡揚善，順天休命。
地山 **謙**	15	地中有山，謙；君子以裒多益寡，稱物平施。
雷地 **豫**	16	雷出地奮，豫；先王以作樂崇德，殷薦之上帝以配祖考。
澤雷 **隨**	17	澤中有雷，隨；君子以嚮晦入宴息。
山風 **蠱**	18	山下有風，蠱；君子以振民育德。
地澤 **臨**	19	澤上有地，臨；君子以教思无窮，容保民无疆。
風地 **觀**	20	風行地上，觀；先王以省方觀民設教。
火雷 **噬嗑**	21	雷電，噬嗑；先王以明罰勑法。
山火 **賁**	22	山下有火，賁；君子以明庶政，无敢折獄。

卦名、卦序		卦象傳
山地 **剝**	23	山附於地，剝；上以厚下安宅。
地雷 **復**	24	雷在地中，復；先王以至日閉關，商旅不行，后不省方。
天雷 **无妄**	25	天下雷行，物與无妄；先王以茂對時育萬物。
山天 **大畜**	26	天在山中，大畜；君子以多識前言往行，以畜其德。
山雷 **頤**	27	山下有雷，頤；君子以慎言語，節飲食。
澤風 **大過**	28	澤滅木，大過；君子以獨立不懼，遯世无悶。
坎 為水	29	水洊至，習坎；君子以常德行，習教事。
離 為火	30	明兩作，離；大人以繼明照于四方。

《周易》下經

卦名、卦序		卦象傳
澤山 **咸**	31	山上有澤，咸；君子以虛受人。
雷風 **恆**	32	雷風，恆；君子以立不易方。
天山 **遯**	33	天下有山，遯；君子以遠小人，不惡而嚴。
雷天 **大壯**	34	雷在天上，大壯；君子以非禮弗履。
火地 **晉**	35	明出地上，晉；君子以自昭明德。
地火 **明夷**	36	明入地中，明夷；君子以莅眾，用晦而明。
風火 **家人**	37	風自火出，家人；君子以言有物而行有恆。
火澤 **睽**	38	上火下澤，睽；君子以同而異。
水山 **蹇**	39	山上有水，蹇；君子以反身脩德。
雷水 **解**	40	雷雨作，解；君子以赦過宥罪。
山澤 **損**	41	山下有澤，損；君子以懲忿窒欲。
風雷 **益**	42	風雷，益；君子以見善則遷，有過則改。
澤天 **夬**	43	澤上於天，夬；君子以施祿及下，居德則忌。
天風 **姤**	44	天下有風，姤；后以施命誥四方。
澤地 **萃**	45	澤上於地，萃；君子以除戎器，戒不虞。
地風 **升**	46	地中生木，升；君子以順德，積小以高大。

卦名、卦序		卦象傳
澤水 困	47	澤无水，困；君子以致命遂志。
水風 井	48	木上有水，井；君子以勞民勸相。
澤火 革	49	澤中有火，革；君子以治厤明時。
火風 鼎	50	木上有火，鼎；君子以正位凝命。
震 為雷	51	洊雷，震；君子以恐懼脩省。
艮 為山	52	兼山，艮：君子以思不出其位。
風山 漸	53	山上有木，漸；君子以居賢德善俗。
雷澤 歸妹	54	澤上有雷，歸妹；君子以永終知敝。
雷火 豐	55	雷電皆至，豐；君子以折獄致刑。
火山 旅	56	山上有火，旅；君子以明慎用刑而不留獄。
巽 為風	57	隨風，巽；君子以申命行事。
兌 為澤	58	麗澤，兌；君子以朋友講習。
風水 渙	59	風行水上，渙；先王以享于帝立廟。
水澤 節	60	澤上有水，節；君子以制數度，議德行。
風澤 中孚	61	澤上有風，中孚；君子以議獄緩死。
雷山 小過	62	山上有雷，小過；君子以行過乎恭，喪過乎哀，用過乎儉。
水火 既濟	63	水在火上，既濟；君子以思患而豫防之。
火水 未濟	64	火在水上，未濟；君子以慎辨物居方。

國家圖書館出版品預行編目資料

易經占卜：大師教你自己看演卦．初級篇 / 朱恩
仁作．-- 初版．-- 新北市：華志文化，
2015.05
　　面；　公分 .--（命理館；2）
ISBN 978-986-5636-18-0（平裝）

1. 易占

292.1　　　　　　　　　　　　　104005051

	華志文化事業有限公司
系列 / 命理館 0 0 2	
書名 / 易經占卜：大師教你自己看演卦　初級篇	

作　　者　朱恩仁

執行編輯　林雅婷

美術編輯　簡郁庭

封面設計　王志強

文字校對　陳麗鳳

企劃執行　康敏才

總　編　輯　黃志中

社　　長　楊凱翔

出　版　者　華志文化事業有限公司

電子信箱　huachihbook@yahoo.com.tw

地　　址　116 台北市文山區興隆路四段九十六巷三弄六號四樓

電　　話　02-22341779

印製排版　辰皓國際出版製作有限公司

總經銷商　旭昇圖書有限公司

地　　址　235 新北市中和區中山路二段三五二號二樓

電　　話　02-22451480

傳　　真　02-22451479

郵政劃撥　戶名：旭昇圖書有限公司（帳號：12935041）

出版日期　西元二〇一五年五月初版第一刷

售　　價　一九九元

版權所有　禁止翻印

Printed in Taiwan

華志文化